열 개의 바퀴를 굴리는 사람

김선자 수필집

교음사

설익은 과일

그 춥고 바람 불던 날, 길눈 어두워 목이 길어진 시골 고라리의 이야기다. 움트는 새봄을 맞으려 수많은 밤을 하얗게 지새우며 조탁했으나 설익은 과일들이다. 등단에 이름을 올린 지 다섯 해가 지났다. 우물쭈물 망설였다. 자신이 없었다.

나의 글을 내가 사랑해야, 다른 사람도 내 글을 사랑한다는 지인의 말에 용기를 얻었다. 더 늦기 전에, 마음만 바빴다. 알몸을 보이는 것 같은 부끄러움에 때론 옷을 바꿔 입고 뛰기도 했다.

갈잎 흙이 되는 깊이로 태를 산에 묻듯이, 향기 좋은 과일로 빚어내고 싶었다. 인생의 종내는 혼자라며 혼자 즐길 수 있는 취미를 가져보라는 남편의 주문대로 내 안의 길을 찾아 정진할 것이다.

이 책 『열 개의 바퀴를 굴리는 사람』이 빛을 볼 수 있도록 문예진흥기금 신청에 힘써 주신 이민호 선생님, 그리고 『수필문학』 강병욱 대표님, 글을 읽어주고 다독여주며 용기를 주신 여산 윤치효 선생님, 교정을 보아주신 음춘야 선생님께도 진심으로 고맙다는 말씀을 드린다.

'많이 부족함에도 등 떠밀어 주시고 길을 일러주신 박종철 선생님 영전에 이 책을 바친다.'

2020년 봄

저자 다솔 김선자

3부 열 개의 바퀴를 굴리는 사람

4부 맥질

5부 묵화 속의 학고재

6부 엉덩이에 내린 이슬비

1부

싸리골 이야기

손

큼직한 택배 상자가 도착했다.

화성의 초등학교 동창으로부터 배달된 농산물이다. 작품 몇 점에 대한 고마움의 표시인가 싶다.

지난봄 동창 모임을 마치고 우리집에서 뒤풀이할 때 남편의 문집을 펼쳐 보는 그의 손을 보면서 마음 한구석이 서늘해 옴을 느꼈다. 그리고 순간 따스하고 환해지며 맑아지는 것 같았다. 신성한 노동의 대가로 다듬어진 아름다운 손, 황소 무르팍처럼 튀어나온 손마디는 휘어지고 일그러진 채 약지 한 마디가 없다. 요즘에 농사는 대체로 기계의 힘에 의존한다지만 자질구레한 일들은 수작업에 의해 이루어진다.

손(手)의 종류는 헤아릴 수 없이 많다. 그 역할은 크게 두 가지로 나눌 수 있다. 이로운 일을 하는 손과 해로운 일을 하는 손이라 할 수 있겠다. 모든 일은 손에 의해 이루어진다. 노동에서 오는 이로운 손,

그 손으로 우리 생활은 윤택해지고 아름다워지며 향기로워지고 부를 누리기도 한다. 해로운 손은 사회와 이웃을 망가뜨리고 자신을 파멸로 이끌어가는 손이라 할 수 있다.

우리가 생활하는데 손만큼 많이 쓰는 신체기관도 없다. 꽃들이 향기로써 서로를 알아보듯이 사람들은 만나서 눈으로 보고 악수로 인사를 나눈다. 피부에 닿는 촉감으로 따뜻함과 부드러움, 차가움, 건강까지도 느끼게 된다. 서로의 피부가 접촉되므로 '도파민'이라는 호르몬이 나와 사랑하는 감정과 행복감을 준다. 상대의 감정이 전달되는 것이다. 예전에 아이가 배가 아프다 하면 할머니들이 배를 문질러 주며 '내손이 약손이다' 하면서 주문을 왼다. 신기하게도 아이는 통증에서 벗어나거나 가벼워지는 예를 종종 볼 수 있었다. 어른들이 아이들 머리를 쓰다듬어 주면서 칭찬해 주면 아이들은 좋아한다. 이런 현상도 같은 맥락이라 하겠다.

모든 동물 중 설치류의 털이 가장 부드럽다. 피부에 와닿는 촉감이 좋다. 유럽의 왕족 여인들은 쥐 털로 만든 속옷을 제일 좋아한다고 했다. 연구에 의하면 초원의 쥐가 사람 생활과 아주 비슷하다고 한다. 일부일처이고 질투, 애정, 간통, 성매매도 있다 한다. 날씨가 추워지면 모여 살고 몸을 부대끼며 살아간다. 그러다 보니 사랑호르몬인 옥시토신이 분비되고 따라서 이성을 그리워하는 바소프레신호르몬이 분비된다. 자연히 도파민이 생성되는 것이다. 자기방어 무기가 없는 초원의 쥐들에게 조물주는 번식력이 강한 힘을 주었고 부드러운 털은 손이 되게 한 것이란다.

피천득 선생이 영국 대사의 초대에서 집으로 돌아왔다. 그의 딸이 달려 나와 아빠 손을 잡고 흔들었다. 딸은 대사가 엘리자베스 여왕과 악수를 하였을 것이고 그의 손과 악수를 한 아빠 손을 잡으면 여왕과 악수한 손이 된다며 아빠 손을 잡고 흔들었다는 글을 읽었다. 딸은 아버지의 손을 잡으므로 대사와 엘리자베스 여왕을 떠올리고 그도 그 손으로 이어지는 하나가 되었다고 생각했을 것이다. 지인이 대통령과 악수한 손이라고 일주일 내내 씻지 않고 한 손으로만 세수를 했다고 자랑한 적이 있었다.

내 소녀 시절, 새참 함지를 이고 동녘골에 갔었다. 여름날 오후 저녁놀이 붉게 물들어가는 사래 긴 밭고랑을 내다보며 물었다.

"엄마, 이 널따란 밭은 언제 다 매노."

어머니께선 찐 감자를 드시며 빙긋이 웃었다.

"눈은 겁쟁이란다. 하지도 않은 일 걱정부터 하고 말만 앞선다. 일은 손이 하는 거란다. 누가 보든, 보지 않든 손은 자기 할 일을 하는 묵언의 수행자란다."

하시던 어머니 말씀이 새삼스레 떠오른다.

찔레꽃 향기가 온 골짜기를 적시던 어느 봄날, 앞 도랑의 돌미나리를 베어 부추와 함께 부침개를 했더니 남편이 어릴 때 어머니가 해주던 맛이라며 어린아이처럼 좋아했다.

손에는 여러 가지 뜻이 담겨 있다.

재주, 맛, 버릇, 자손, 사위, 손님, 도둑, 폭력 등 갖가지 일들을 머리로 생각하고 손에 의해 이루어진다. 어려울 때, 손을 내밀어 준 사람, 손을 잡아 준 사람이라는 말도 있다. 이렇듯 손은 우리의 마음과 마음을 이어주는 묵언의 끈이고 정이다.

우리 사회에는 해로운 손이 아닌, 우러러야 할 이로운 '손'만 있었으면 한다. '오른손이 하는 일을 왼손이 모르게 하라.'는 거룩한 가르침까지는 아니더라도 양손에 잔뜩 거머쥐고도 욕심내 또 내미는 손이 아닌 한 손에만 쥐어도 어려운 이에게 선뜩 내밀 수 있는 손, 그런 손만 있었으면 한다.

내 손은 어떤 손일까.

(2017. 4)

싸리골 이야기

- (제17회 「대한민국 환경문학」 수기부문 대상)

평소 전원생활을 꿈꾸어 오던 그였다.

명예퇴직으로 굴피집을 장만하게 된 그는 입귀에 거는 하회탈 이매의 얼굴이다. 100년이 넘었고 십수 년 방치된 목조농막이다. 울도 담도 없고 산천과 마당의 경계도 없는 외딴집 싸리골, 문짝과 창문은 밤손님에 의해 대처로 나가고 주인 없는 마당, 잡목에 가시넝쿨이 까치집을 짓고 있다. 굴피지붕은 비바람을 견뎌내느라 구새 먹은 감나무 밑동 같고 부엌 쪽에 기역자로 붙어 있던 마구간도 엎질러진 물동이 같다. 그래도 그 남자는 헤벌쭉거린다.

시내에서 30여 분 거리에 있는 굴피집이다. 10여 년 내내 들락거리며 원형을 살리고 자연을 닮으려 보수와 수리에 열중이다. 호롱불 아래 생활하다 4년 만에 전기가 가설되었다. 산짐승 풀벌레 산천초목들에게는 침입자가 된 것이 미안해 최소한의 방안 등불만 밝힌다. 그 즈음 정부에서는 '녹색혁명 자립마을' 육성을 위해 퇴비 증산에 포상금을 걸었다. 마을 이장과 더불어 몇몇이 회의를 거치면서 참가키로 했다. 퇴비 저장소가 내 집 마당가 휴경농지로 정해지면서 자연스레 나도 동참하게 되었다. 팀이 조직되고 조별로 일이 분담되었다. 풀 베는 팀, 운반 팀, 작두질하는 팀 우리 부부는 풀 작두질 팀에 끼었다. 제2의 새마을 운동을 전개하는 것 같았다.

2006년 7월 14일, 찌는 듯 더운 여름 이장을 중심으로 마을 주민 모두 열심히 풀베기에 나섰다. 서툴지만 나도 열심히 했다. 마을의 경운기가 있는 대로 동원되고 풀 써는 카터기(자두)는 주민센터에서 빌려왔다. 내 마당가에서 일하니 새참도 여러 번 내었다. 풀베기는 햇빛 나는 맑은 날보다 구름 끼고 비 쏟아지는 날이 일하기 좋다. 어떤 때는 일주일 내내 쏟아지는 폭우 속에 생쥐가 되어도 모두들 아랑곳하지 않고 즐거운 마음이었다. 경운기가 들어가지 못하는 곳에는 지게에 지고 머리에 이고 마을 사람들 남녀노소 일심동체가 되어 2년 동안 힘을 모아 퇴비증산에 힘썼다.

한편으로 '아름다운 마을'을 만들기로 했다. 도로변과 마을 안길에 꽃길을 조성하고 돌탑과 이정표를 마을 입구에 세웠다. 그렇게 마을 발전을 위해 모든 주민들이 힘쓴 결과 우승의 영광을 안게 되었다. 상금도 탔다. 그 돈으로 '아름다운 마을 만들기 운영위원회'가 조직되었다.

회장, 사무장, 운영위원 20명, 감사 2명, 고문 2명이 선출되었다. 나는 감사에 위촉을 받았다.

2008년 첫 사업으로 강가에 '마을 휴양지'를 조성했다. 큰 바윗돌을 밀쳐내며 자갈돌을 고루 펴고 그 위에 마사토를 덮어 텐트 치기 좋게 자리를 다듬었다. 강이 굽이도는 우리 마을은 천혜의 휴양조건을 갖추고 있다. 사방 계곡에서 흘러나오는 거울 같은 맑은 물속에는 다슬기가 꿈틀거리고 버들치가 곡예를 한다. 여름철 물놀이하기에는 그만이다.

다음으로 '체험장'을 마련했다. 휴양지 근처에 있는 폐교된 초등학교를 대여해서 양떼목장, 물레방아, 전통놀이 등 차별화 체험을 할 수 있도록 노력했다. 청장년회와 부인회, 노인회가 조직되고 나름 할 수 있는 일들을 서로 찾아서 했다. 청장년회에서는 야산에 더덕과 도라지 씨를 뿌리고 깊은 산속에는 장뇌삼 씨를 뿌렸다. 부인회는 옥수수와 감자부침 등 먹거리를, 노인회는 말린 산채나물들과 산에서 얻어지는 각종 약재, 버섯들을 휴양지에 내놓았다. 특히 청장년 '송이채취 작목반' 수입은 회원들 가계에 직접적으로 많은 보탬이 되었다. 부인회서 운영하는 감자부침개, 옥수수동동주는 휴양지를 찾아오는 관광객들의 입을 즐겁게 해주었다.

2009년 1월 잘했다고 2차 정부지원금이 나왔다. 또다시 마을 회의를 거쳐 체험장 옆 토지를 매입해 '마을펜션' 여섯 동을 지었다. 피서객들이 편리하게 이용할 수 있게끔 펜션과 체험장 휴양지가 연계되도록 운영하고 있다. 다시 찾고 싶은 마을로 큰 호응을 얻었다.

그해부터 매년 8월 8일은 '장천마을 축제일'로 정했다. 축제장은 헤엄치기, 메기잡기대회 등 피서객들도 동참하게 되어 강변은 웃음꽃이었다. 밤에는 캠프파이어를 즐기며 장기자랑대회도 열렸다. 부인회에선 쑥개떡을 준비했다. 내 짝지와 "쑥개떡 사세요.~"를 외치며 장광*의 텐트 주위를 휘돌아다니며 완판하기도 했다.

우리 마을은 2~30분 거리에 명소가 즐비하다. 소금강, 용소골, 주문진 크루즈 해상관광, 사천, 경포, 정동진 등 동해안 절경이 줄을 잇는다. 해수욕을 즐기다 저녁이면 맑은 냇물에 몸을 헹구고 모깃불 향기 속, 팔베개에 별을 헤면 그 여유로운 더할 나위 없다. 그뿐인가. 강릉항, 양양, 속초, 동해 등지도 3~40분 거리다. 팔월의 폭염은 시원한 계곡, 펄떡이는 횟감, 맑은 공기와 각종 산채나물에 저만치 비켜서고 만다. 3년 만에 운영위원들을 재선출했다. 나는 직을 고사했다.

2009년부터 겨울 농한기에는 노인회 주관으로 공예품들을 만들었다. 회관에서 목공예, 짚풀공예, 손뜨개 등 작품을 만들어 강릉시 청사와 연곡면 주민센터 로비에서 전시회를 열었다. 자기 작품의 모델이 되어 직접 지고, 메고, 들고, 입고 선보이는 서툰 포즈에도 방문객들은 많은 웃음과 찬사를 보내주었다. 요즘은 건강, 교양, 취미 등 정보교실도 운영되고 있다.

2010년 3월 권역별 신청자금도 나왔다. 여섯 마을이 연대해서 공동

운영하라는 자금이다. 여섯 마을 이장들이 권역위원이 되고 사무장은 시에서 발령되었다. 그 자금으로 공동운영체 사업장 '에코센터'가 2014년에 완공되었다. 맞춤형 체험장으로 각종 프로그램이 개설되어 있고 연회나 세미나들을 치를 수 있는 시설도 갖추고 있다. 야외에는 오토캠핑장, 강변에는 다슬기 체험이 있어 각 학교 학생들이 많이 이용한다. 마을 농산물은 농협을 비롯해 도농 네트워크를 이용해 나가고 있다. '에코센터'는 운영비 관계로 아직은 수익금이 많지 않으나 앞으로 더 많은 수익이 있을 것이라 희망적이다.

2011년 마을 일에 그렇게 열심히 동참하던 그가 나그네새 되어 길을 떠났다. 바람 불어 단풍 곱게 들던 밤에. 반딧불 스치던 창밖에서 두고두고 웃고 빙그레하며 드나들던 그, 다방면에 예술성이 돋보였던 그, 자연인이 되고 싶다고 전화기도 통장도 없이 지내던 그였다.

조성된 퇴비는 친환경 농사로 이어지고 있다. 회원들 농가에 공급되어 두릅나무밭을 비롯하여 각종 농작물에 뿌려졌다. 휴양지, 체험장, 펜션에서 얻어지는 수입 자산이 10억 이상으로 불어났다. 수익금은 주민들 복지에 힘쓰고 있다. 조성된 기금으로 연말엔 흥겨운 마을잔치도 벌어진다.

2018년 12월 우리 소금강장천마을이 '엄지척 명품마을'로 강원도 내 5개 마을에 선정되는 기쁨을 안았다. 주민들이 합심하여 노력한 결과다. 고향마을의 농민이 된 나는 마을 일에 적은 힘이나마 보탠 것 같아 보람을 느낀다.

2019년 강릉 단오제 민속놀이에 출연키로 했다. 2012년부터 계획해오던 '상여소리' 민속놀이 부문이다. 잊혀가는 장례문화인 상여소리를 택한 이유는 선소리를 아주 잘 메기는 분이 계시기 때문이다. 꽃상여가 꾸며지고 복장이 갖추어졌다. 심금을 울리는 선소리에 눈물을 찔끔거리며 연습 중이다. 잉여 수익금을 어떻게 효율성 있게 또는 어떤 다른 사업을 할 것인가도 연구 중이다.

싸리골은 가재가 샘을 트고 반딧불이가 숨바꼭질한다. 은하수 강물에 멱을 감고 풀벌레가 교향곡을 연주하는 곳, 돼지 멱따는 소리로 노래를 불러도, 목청 높여 부부 싸움해도 풀이 안으로만 들녘을 껴안는 곳이다. 물 맑고 공기 좋은 농촌에서 미래를 설계해 보는 것도 좋지 않을까. 건강한 마음의 평화를 얻을 수 있는 곳. 돈으로 계산할 수 없는 자연의 혜택을 어찌 도시의 문화와 비교할 수 있을까.

농업에 세계기업들이 뛰어든다고 한다. 도요타는 자동차 공장의 폐열을 이용해 파프리카를 키우고 풍작계획 서비스를 농민들에게 제공해 준단다. 우리나라도 LG CNS가 새만금에 스마트 팜(정보통신기술 접목된 농장)을 세우겠다고 발표했다. 우리도 이제 첨단 농업 시대를 열어야 한다.

부존자원이 풍부한 우리 마을이다. 젊은이들이 찾아주어 IT기술이 접목된 첨단 농업으로 생산성 높은 농촌을 만들어 주는 3, 4차원의 농업 혁신을 이루어 주는 그런 날들을 기대해 보는 것은 내 욕심일까.

*장광: 자갈땅의 강원도 방언

가슴에 묻은 그리움

아버지를 따라 나는 피난길에 올랐다.

아버지는 지금의 산림청에 근무하시다 얼마 후 그만두시고 목상업을 하시던 중 6·25를 만났다. 당시 강릉 대한청년단장이라는 임무 때문에 남하하는 괴뢰군에 쫓겨 우리 가족은 급히 몸만 빠져나왔다.

어머니는 피난길에서 한때 동냥도 했다. 그릇이 없어 명올이 헤진 치맛자락에 받아오기도 했다. 길거리에는 워낙 구걸자들이 많아서 그곳 사람들은 식사 때맞추어 밥을 먹지 못했다.

어느 종택으로 기억된다. 남으로 남으로 피난가다 도착한 곳이 안동시 임하면 금소였다. 큰 기와집이 여러 채 둘러 있고 흙담으로 둘러친 종택 사랑채에서 기거했다. 어머니가 종택 뒷마당 멍석 위에서 짚수세미로 놋그릇을 닦던 모습이 생생하다. 음식 솜씨와 바느질 솜씨가 워낙 좋고 깔끔하셨던 어머니는 종택마님의 칭찬을 들으며 동네 바느질

들을 해주었다. 아버지와 여덟 살 위의 언니가 벗겨온 송기(松肌)를 삶아서 두들기고 찧어서 나물과 함께 죽을 쑤어 연명했다. 그때 논두렁의 풀들은 모두 숙청당했다. 그렇게 긴 봄을 송기죽과 쑥, 나물로 버티었다. 어느 날인가, 아버지가 말씀하셨다.

"자야, 오늘 내가 일하는 논두렁 근처에 와서 나물 뜯어라."

그날 나는 주인에게 불려가서 일꾼들이 먹고 남긴 보리밥으로 남산만큼 배를 부풀리고 빈 바구니를 들고 돌아왔다.

언니가 구멍가게를 냈다. 그곳 종손의 주선으로 마을 앞 소나무 숲속에 판자로 지은 오두막이었다. 남달리 영리하고 재주가 많았던 언니는 30여 리 떨어진 안동 시내를 맨발로 오가며 무거운 잡화 보따리를 이고 져 날랐으며 어머니와 같이 도투리묵을 만들어 팔기도 했다. 나는 가게에서 과자와 껌을 훔쳐 또래들과 골짜기 샘터로 들어가 해질녘까지 먹고 놀다가 집으로 돌아오니 온 식구가 나를 찾아서 야단법석이 나고 과자와 껌은 없어진 줄도 모르고 있었다.

구멍가게로 형편이 좀 나아지나 싶었다. 그런데 송기와 쑥 나물이 화근이었다. 언니가 복막염으로 우마차에 실려 안동 도립병원에 다니던 일, 복수가 차서 동산만 하던 배, 희망이 없다는 의사의 말에 탄식하며 울던 어머니의 모습. 그 즈음해서 동생이 태어났다. 언니는 아프면서도 대를 이을 남자 동생이 태어났다고 얼마나 좋아하며 예뻐했는지 모른다.

언니는 결국 긴 여행을 떠났다. 동네 사람들이 장례를 지내주기 위해 모여들면서 먹을 것을 들고 왔다. 사람들이 많이 모이고 먹을 것에 정신이 팔린 나는 이리저리 뛰어다녔다. 그런데 어머니는 그저 울기만 해서 왜 저러나 하고 생각했던 기억이 지금은 부끄러움으로 남아있다. 어머니가 동생을 업고 언니의 무덤에 갈 때는 나도 따라갔었다. 흐드러진 진달래꽃을 한아름 꺾어들고 와보니 어머니가 통곡하고 계셔서 눈만 멀뚱거리던 기억은 지금 생각해도 참으로 어처구니없는 일이었다. 바보였나 보다.

언니가 세상을 버린 뒤 좀 떨어진 미루나무 집으로 이사를 해 잠깐 살았다. 아버지는 나를 학교에 보낸다고 선수 학습으로 1, 2, 3, 4를 가르쳐 주시다 어리벙벙하는 나를 쥐어박기도 하셨다. 학교라는 곳은 서원이었다. 어머니는 입학식 날 아침밥을 먹이지 못하고 식에 참석하게 했던 일이 가슴에 검정 물로 남아있다고 회고하셨다.

언니를 잊기 위해 안동 시내로 이사했다. 우리 가족은 어떤 빈집에 들어가 살았고 나는 초가로 된 어느 초등학교에 다시 입학해 1학년 1학기까지 안동 시내에서 다녔다.

어머니는 언니를 늘 잊지 못하고 그리워했다. 나는 묻고 또 물었다.

"엄마, 언니는 왜 죽었어?"

"하느님도 착한 사람을 좋아하기 때문에 언니가 부름을 받고 빨리 하늘나라로 갔단다."

그리고 어머니 꿈속에 나타난 언니는 '북두칠성 중 가장 큰 별이 되었다'고 현몽했다고 하셨다. 밤이면 이따금 마당에 나가서 북두칠성을 바라보며 어느 별이 가장 큰가를 눈물로 가늠해 보시기도 했다. 예닐곱 살까지의 내 기억이다.

그 후 십여 년이 지나 귀향길에 오를 때 어머니는 자식을 버리고 간다는 죄책감에 많이도 울며 슬퍼하셨다.

강릉초등학교 6학년에 다니던 언니는 반장으로 다방면에 능했다. 특히 예체능 분야에 뛰어나 학예회, 체육회 등 학교 대항 여러 행사에 대표로 참가하기도 했단다. 6·25전쟁으로 결국 피어보지 못한 꽃봉오리 열다섯에 세상을 떠난 언니, 언니가 살아 있었다면 우리 가족은 고생도 덜하고 일찍 귀향도 했을 것이다.

나는 지금도 밤하늘의 별들이 눈에 들어올 때면 항상 어느 별이 제일 큰가를 유심히 헤아리며 아린 가슴에 언니를 담는다.

(2014. 4)

알밤 속의 위기 탈출

추석날 아침이다.

며칠 전부터 가을비가 질퍽하게 내리고 있다. 우리 가족은 음식을 차려놓고 고향 조상님 무덤 쪽을 향해 망제(望祭)를 올린다. 타향에서 보내는 명절이라 딱히 갈 곳도 오는 이도 없다. 부모님은 낮잠으로 한가한 오후 명절을 보내고 있다.

문득 강가의 숲속 밤나무 생각이 났다. 비가 오니 알밤이 많이 떨어졌을 거라 생각하고 부모님 몰래 밤을 주우러 나섰다. 그 시절 떨어진 과일들은 누구든 주워가는 게 일상이었다. 알밤은 꽤 많이 떨어져 있었다. 한 바구니 주워서 돌아오는데 앞이 보이지 않을 정도로 세차게 비가 쏟아졌다. 우산도 없이 함빡 비를 맞아도 주운 밤만 좋아서 헤하고 집으로 돌아왔다. 자랑삼아 펼쳐 놓고 흠뻑 젖은 옷을 갈아입는데 꽝하는 소리와 함께 내가 금방 다녀온 숲이 온데간데없어지고 시뻘건 황토 물 벌판으로 변했다. 조금만 늑장을 부렸더라면 난 어떻게 되었을까.

황토 물은 앞 신작로를 넘어서 점점 우리집 마당까지 차오르고 있다. 놀란 부모님은 우선 간단한 짐만 싸놓고 물이 뜨락 위까지 오르면 뒷길로 해서 언덕 위 뒷집으로 짐을 옮기기로 하고 나는 막내를 업고 두 동생과 먼저 피신했다.

황토 물에는 살림살이는 물론 가축들까지 급류에 휩쓸려 막 떠내려가고 있었다. 집이 통째 떠내려가고 그 지붕 위에 사람이 올라앉은 채 휘말려갔다. 지금도 그 모습은 두렵고 무서운 슬픈 일들이다.

빗줄기는 차차 가늘어졌다. 황토 물은 우리집 뜰에서 찰방거리다 빠지기 시작했다고 아버지가 우리를 데리러 오셨다. 어머니는 싸놓았던 짐 보따리들을 풀고 계셨다.

이튿날 아침이었다.

"자야, 앞 숲에 가 봐라. 사람들이 사과를 몇 자루씩 주어온다. 어서 일어나라."

어머니의 말씀에 눈을 떴다. 비 온 뒤 아침 햇살은 영롱한 보석처럼 눈이 부셨다. 물이 빠진 강가와 숲 사이로 사람들이 뒤덮여 윗동네 과수원에서 떠내려온 사과를 줍고 있었다. 나도 두 개 주워들고 왔다.

우리집 배추들이 모두 머드팩을 하고 있었다. 배추밭을 둘러보신 아버지는 밭이 떨어져 나가고 남아있는 배추는 모두 황토 물에 잠겨 흙투성이가 되었다고 큰 걱정을 하셨다. 그날부터 나는 아버지를 도와

배춧속에 뒤덮인 개흙을 털어내느라 일주일 동안 학교에 가지 못했다. 그 후 학교에서는 전국 각지에서 보내준 수재민 구호품을 학생들에게 나누어 주었는데 내가 받은 것은 기억나지 않고, 1학년 동생이 색동저고리를 받아서 연처럼 날리며 뛰어오던 모습만 눈에 선하다.

1959년 태풍 '사라'는 반세기가 훨씬 지난 지금까지도(2015년) 악명높은 태풍으로 역대 1위로 남아있다. 한반도를 스치듯 지나간 태풍 사라 14호의 피해는 남부 지방이 심했고 집계된 공식 피해 기록으로는 사망 실종 849명 부상 2533명 이재민 37만여 명으로 되어 있다.

참고로 2002년 태풍 루사 때 사망 실종 246명, 이재민 63,000여 명, 2003년 태풍 매미에는 사망 실종 132명, 이재민 61,000여 명으로 기록되어 있다.

자연의 큰 재해 앞에 속수무책인 인간의 한계를 어린 그때 이미 절실하게 경험한 것이다. 지금도 쏟아지는 빗줄기만 보면 그때 그 흙탕물 위의 아우성이 내 뇌리를 엄습한다.

비 오는 날은 기분이 우울하고 가을철 햇밤이 나올 때면 알밤 속에 50여 년 전 태풍 사라의 횡포가 각인되어 트라우마로 남아있다.

그때 알밤을 더 주우려고 조금만 지체했더라면….

(2015. 10)

보고 싶다, 묵계 친구들

가족여행을 떠난다.

자동차 타는 것에 트라우마가 있는 남편이 웬일인지 내 유년의 추억을 찾아주고 아이들에겐 정신문화의 수도라는 안동을 돌아볼 수 있는 기회를 마련해 주겠단다.

"진호야. 올해의 가족여행은 안동으로 가자. 너희 엄마가 일상이 시큰둥해질 때면 입버릇처럼 하는 소리, '안동 갔다 올게요.' 하는 안동으로…." 아들에게 던진 말이었다.

2005년 8월 유년의 고향인 안동시 길안면 묵계를 향해 우리 가족 네 명이 승용차에 몸을 실었다. 중앙고속도로를 타고 휴게소마다 들르면서 안동에 도착했다. 잠깐 입학했던 곳이 임하면 금소 어떤 서원이었다는 것을 기억하고 지도에서 짚어보며 호계서원을 찾아갔다. 고지기에게 옛날 학교로 사용했던 곳이었냐고 물어보았으나 모른다고 했다. 한편 피난민이라고 놀려주던 한 친구가 떠올랐다. 문돌쩌귀에 그 친구의 머리를 처박아 패주고는 도망친 일이 새삼스럽다. 무섭고 겁나 다시는 가지 않았던 돌쩌귀도 만져보았다. 그 서원에서 사진도 찍고 임하댐도 둘러보았다.

길안면 묵계로 이동했다. 우리가 살았던 옛집 앞에 섰다. 앞면이 조금 개조되고 볼품없이 함석을 뒤집어쓴 채 나지막이 엎드려 있었다. 분명 5~60년 전 우리집은 넓은 마루에 반듯한 목조건물이었고 마당 끝으로 신작로가 있었다. 저만치 식수와 농수로 쓰던 큰 도랑도 있었다. 그 도랑에서 여름날 저녁이면 세 동생을 발가벗겨 씻기고 차례로 안아다 툇마루에서 닦아주곤 했는데. 지금은 그 도랑이 복개되어 도로가 되었다. 양조장이었던 옆집으로 가보았다. 가정집으로 개조되고 마당의 큰 감나무는 구새 먹은 고목으로 밑동만 남아 있다.

겉보리 앗던 50년대다. 양조장 마당 멍석 위에 김이 모락모락 피는 하얀 술밥을 화등잔 켠 눈으로 바라보며 침을 삼켰었다. 또 감꽃이 떨어질 때면 새벽이슬 밟고 감꽃목걸이 만들어 목에 걸고 아껴가며 떼어 먹었다. 알이 굵어지면서 떨어지는 풋감을 주어 떫은맛을 우려내 허기를 달래기도 했다. 홍시가 될 때를 기다리며 마냥 하늘을 쳐다보던 시절이 그곳에 고스란히 남아 있었다.

주인을 찾아 지나간 이야기를 하니 아버지를 기억하고 있었다. 모교와 동기생들의 안부를 물어보았다. 모교는 3년 전 폐교되어 길안초등학교로 통합되었고 고향을 지키는 동기생들은 없다고 했다. '길안닷컴'인 농산물 유통 홈페이지에 들어가 보란다.

폐교된 모교를 찾았다. 운동장에는 키를 훌쩍 넘기는 잡풀 잡목들이 무성하고 학교를 지을 때 우리가 심은 플라타너스들이 고목이 되어 꽃가루만 날리고 있었다. 잡목을 헤집고 들어가니 교사는 여기저기 뜯기고 교실 문짝도 떨어져 나갔으며 뽀얀 먼지를 뒤집어쓴 칠판에는 크고 작은 낙서도 있어 다녀간 흔적들이 엿보였다.

아들이 몽당분필로 칠판 한가운데에 커다랗게 '묵계교 9회 졸업생을 찾습니다. 연락주세요.'라 쓰고 전화번호도 적어놓았다. 내 마음 나도 모르게 그 옛날로 돌아갔다.

묵계서원에서 공부하던 우리는 4학년 때 신축교사로 이사했다. 교정을 정리할 때 공부보다 노역에 동원되는 시간이 더 많았었다. 책보자기에 싼 강가의 자갈을 머리에 이고 지고 날랐다. 보자기 서너 개씩은 해졌다. 운동회 땐 이웃 학교에서 빌려온 풍금을 운동장에 내놓고 담임 선생님의 즉석 반주에 맞추어 율동을 했다.

학교 바로 옆에는 낙동강 상류인 묵계천이 흐르고 있었다. 여름날이면 멱도 감고 다슬기도 잡았다. 치약 칫솔이 흔치 않던 시절이라 보건시간이면 선생님이 우리들을 냇가로 데리고 가 모래로 이 닦기 방법을 가르쳐 주셨다. 성장이 빠르고 키다리였던 외자의 봉긋한 가슴을 확인하기 위해 점심시간 여자들 모두 강물에 뛰어들어 멱을 감기도 했다. 빨개진 그녀의 얼굴을 힐끗거리며 킬킬거리던 일도, 자갈밭에 젖은 속

옷을 말리려고 널었다가 남자아이들한테 습격을 받아 패싸움을 벌이던 일도 스쳐갔다.

평소 꿈속에서도 나는 유년의 고향을 그리며 살았다. 초등학교 동창회하는 친구들이 그렇게 부러울 수가 없었다. 내내 형편이 나아지면 모교에 적은 액수라도 기부해야겠다는 마음으로 살아왔었는데. 울컥 비애감마저 들었다.

묵계서원과 안동김씨 종택을 둘러보는 감회는 새로웠다. 안동에서도 가장 산간 지역에 위치하고 있는 묵계서원은 보백당 김계행을 기리기 위해 세웠고 도산, 병산서원과 더불어 안동의 3대 서원 중 하나다.

50년대 초반 안동의 시골 학교는 대부분 서원을 교사(校舍)로 사용하였다. 그 서원 마룻바닥에서 3학년까지 엎드려 공부했다.

나는 새도 떨어뜨렸다던 안동 김씨네 종택은 우리집과는 담을 사이에 두고 있었다. 차종부가 늘 우리집에 와서 어머니와 바느질하며 마음을 터놓고 밤늦도록 오순도순 이야기하시던 모습이 떠오른다. 더욱 차종손이 외지에서 생활하므로 그 외로움을 달래기 위해 어머니와 더 가깝게 지냄을 어린 마음에서도 읽을 수 있었다. 모내기철 종손이 긴 담뱃대에 외씨버선발 나막신으로 논두렁에서 서성이던 모습이 눈에 선하다. 돌이켜보면 그 종택 담 너머로 흘러나오던 생활의 제반 모습이 내 사고 형성에 영향을 미쳐 의식 밑바탕에 침투돼 있지 않았나 싶다.

그날 밤, 우리는 안동 시내에 숙소를 잡았다. 아들이 「46년 만에 어머님의 고향을 찾아」라는 제목으로 '길안닷컴'에 초등학교 동기생들 연락을 기다린다는 긴 글을 연락처와 함께 올려놓았다. 여행에서 돌아오자 내가 또다시 그 홈페이지에 사진과 글을 남겼으나 소식이 없어 까맣게 잊은 채 5년여의 세월이 흐르고 있다. 친구들아 보고 싶다.

(2014. 5)

보초병

"가진 거라곤 정직과 성실뿐입니다. 결혼하면 월세방에서 살아야 합니다. 신혼여행도 못 갑니다."

1973년 맞선 자리에서 그 사람의 말이었다. 해맑은 표정, 단정한 용모, 꾸밈없는 듯한 말씨에서 천진난만한 돌배기 같은 신선함을 느꼈다. 그가 짊어진 짐의 무게를 가늠할 겨를도 없이 마음속 연분홍 장미가 피기 시작했다.

결혼이라는 걸, 깊이 생각해 본 적도 없고 나이 들면 해야 되는 걸로, 서로 마음 맞추면 아름다운 풍경화가 펼쳐질 것으로 생각한 새댁이었다. 오직 호랑이 같은 아버지 그늘에서 훌쩍 떠나고 싶은 마음이었다.

여고 단짝이던 아랫동서의 소개였다. 결혼식 후 시댁에서 사흘(于禮)를 보내고 친가(再行)로 갔다. 시골 친가에서는 다시 잔치가 벌어졌다.

동네 청장년들은 새신랑에게 처녀를 꼬여 데려갔다는 죄목을 씌워 사랑방 대들보에 발목을 매달고 장작개비로 발바닥을 두들기기 시작했다. 박쥐처럼 매달려진 신랑이 살려 달라고 소리쳐, 응원을 청했다. 친정어머니는 사위를 잘 봐 달라고 푸짐한 술상으로 치맛자락을 휘날리고, 새댁은 나풀거리며 꾀꼬리 흉내를 냈다. 한바탕 북 치고, 장구 치고 흥겨운 겨울밤이 문풍지를 흔들며 지나갔다.

신랑은 시숙이 일찍 세상을 버리면서 조카들을 부탁했다는 유언을 지키기 위해 아버지 대역을 맡고 있었다. 초등학교 1학년, 4학년, 중학교 1학년, 청각장애인 맏동서 그리고 시어머님, 이렇게 대가족의 소대장이었다. 시숙의 병원비를 고향집 팔아 정리하고 남은 몇 푼으로 형님네 가족들을 그의 직장이 있는 강릉으로 이주시켜 살고 있었다. 조카들도 신랑을 아버지처럼 생각하고 따랐다.

새댁의 신혼생활은 밤마다 신혼방에 마실 오는 막내 조카를 맞이하는 걸로 시작되었다. 조카는 신이 나 쫄랑거리다 잠이 들었다. 자신이 보초병 임무를 띠었다는 것도, 삼팔선이 되었다는 사실도 모르는 조카는 미운 일곱 살 얄개였다. 한 달쯤 그렇게 지낸 새댁은 이윽고 소대장을 부추겨 조카를 맏동서 방으로 전출시켰다. 훈풍이 살랑거렸다.

두어 달 후, 이웃 조씨 집 단칸방에서 월세로 신접살이가 시작되었다. 그런데 살림을 가르쳐 준다며 어머님이 따라나섰다. 신혼 방에 또 다른 보초근무자가 생긴 것이다. 따끈한 연탄불 아랫목은 보초병의 차지였다.

윗목의 소대장과 이부자리를 맞붙였다. 사뭇 다정한 모습이었다. 게다가 보초병이 꾸벅꾸벅 졸고 있지 않은가. 그러다 드디어 보초병이 곤한 잠에 들었나 싶었다. 그야말로 근무 태만이었다. 그 틈을 타 소대장이 조심스레 탈영을 시도했다. 그리곤 이웃 야산에 매화나무를 심기 시작했다. 그런데 아뿔싸 보초병의 순찰이 시작되었다. 다행히도 금세 끝났다. 때론 뒷동산이나 화장실, 높은 집 밀방(密房)에서도 매화나무를 심었다.

그러구러 조씨 집에서 석 달을 살다 본가로 합가했다. 본가도 두 칸 셋방이었지만 두 집의 생활비와 학비를 책임져야 하는 새댁네는 절약만이 필요했다. 궁여지책으로 생각한 게 합가였다. 하지만 옷깃에 스며드는 바람은 조카들이 커갈수록 점점 더 시렸다.

보초병 임무는 본가에서도 계속 이어졌다. 보초병의 성실한 근무 탓이었던가. 그 와중에도 매화꽃이 활짝 피어 열매를 맺었다. 잘 생기고 튼실한 열매였다. 보초병 가슴이 한껏 부풀어 오른 건 물론이었다. 그 아름다운 향기에 취해 더욱 아랫목 근무를 강화하였다. 자연스레 병사들의 자리가 정해져 있었다. 아랫목에서부터 보초병, 소대장, 유아병, 영아병 그리고 맨 윗목은 새댁병사가 지키고 있었다.

얼마 뒤 외지에서 근무하게 된 신랑을 따라 새댁도 따라나서게 되었다. 그러나 그림자처럼 늘 신랑 옆을 지켜주는 보초병 근무는 계속되었다.

새댁은 보초병을 이해하려 애썼지만 타들어 가는 속뜰에는 검정 숯덩이만 쌓여 갔다. 그때마다 뒷골목을 방황하면서 다그치기를 '돈으로 계산할 수 없는 사랑을 네 아이들이 너 대신 받고 있지 않느냐. 그래서 너도 마음 편히 직장에 다니고 있지 않느냐.'고 허공에 소리치고 일그러지는 속마음을 인내로써 다스렸다. 그러기를 15년, 드디어 아랫목 보초병이 명예 퇴임을 하게 되었다.

새댁네가 아담한 방을 세 개나 장만했다. 비록 대출로 만든 방이었지만, 이제 어머님도 맏동서네와 새댁네를 오갈 수 있는 마음의 여유가 생겼나 보다. 그날도 용돈을 받아든 어머님은 함박꽃이 된 채 조카들에게로 달렸다. 그만 먹거리 장만을 위해 나갔다가 시장통에서 혈압으로 쓰러지고 말았다. 혼수상태로 38개월의 병상 생활이 이어졌다.

온천지가 바람 불고 흰 눈으로 꽁꽁 얼어붙던 섣달 그믐밤, 어머님은 서쪽 하늘 아미타 부처님으로부터 잔디이불방에 초대를 받았다. 새댁의 속뜰 저 밑바닥에서 한시름 놓아야 하련만 가슴 시리고 서러운 마음이 앞섰다.

어머님은 약 드셔야 할 용돈까지도 조카들에게 주고 제때 약 복용을 안 한 것이다. 평소 어머님은 조카들을 아버지 없다는 애잣한 마음에 온실 속 화초처럼 키웠다. 유언을 지키고자 애쓰는 신랑도 애간장 녹이며 지켜보았을 것이다. 스물하나에 남편을, 마흔아홉에 큰아들을 잃었다.

어머님에게 신랑은 신 같은 존재였다. 하느님이고 부처님이었다. 아들이자 남편이고 희망이자 버팀목이었다. 그 사랑하는 마음 너무 깊어 보초 근무로 이어지던 어머님이었다. 그게 아들을 위하고 사랑하는 방법인 줄로만 알던 어머님. 신랑 또한 그런 어머님의 심정을 헤아려 평소 한마디 거역함도 탓함도 보인 적이 없었다. 효자, 그 자체였다. 새댁과 두 청상, 세 여자 틈에서 그저 묵언수행자일 뿐이었다.

어머님은 나에게 영원한 보초병이셨다. 돌아보면 어머님께서는 마지막 육신의 한 오라기까지 자손들에게 내어주고 가셨다. 가시고기 같은 삶이었다. 가슴이 차오른다. 받는 것보다 주는 게 더 많다는 생각에 한구석 뭉쳐 있던 마음의 방, 내일을 계산하는 마음으로 평행선만 그었던 새댁의 뜰방, 왜 진작 연민의 정이라도 나누지 못했을까. 이제야 비로소 가슴의 따듯함을 전하고 싶어질까. 허탈감에 개진개진 두 눈이 붉어 오른다.

(2014. 8)

벌초하던 날 이렇게

이른 아침부터 부산히 움직였다.

추석을 앞둔 우리집의 연례행사다. 벌초하는 조상님의 묏자리는 모두 다섯 기(基)가 있다. 오늘은 그중 제일 난코스인 조부모님과 아버님을 모신 동해시 삼화 이로리 산소만 다녀올 계획이다.

이로리 산소는 심심산중이다. 각 산소에 올릴 제수가 담긴 배낭들, 물통, 낫, 톱, 예초기, 모자, 헌옷 등등…. 가족 모두 병사들처럼 단단히 무장하고 비장한 각오로 배낭을 하나씩 둘러매고 산을 오른다. 제수 음식과 마실 물을 넉넉히 가져가야 험한 산길을 왕복하는데 허기를 달래고 갈증도 해소할 수 있기 때문이다.

매년 산에 오르기 전에 꼭 들르는 곳이 있다. 산자락에 위치한 가까운 친척집 세 집이다. 집안 안부도 나누며 준비해 간 선물도 전하고 가져간 헌옷들로 갈아입으며 벌초하러 왔다는 신고식 같은 과정이다.

남편은 총각시절부터 가장이었다. 시아주버니가 일찍 세상을 버리면서 남편에게 조카들과 맏동서, 그리고 어머님을 부탁했었다. 그 유언을 지키기 위해 월급봉투는 맏동서께 갖다 주고 생활하던 상황이었다. 때문에 조상 일은 물론 집안 대소사의 크고 작은 일들은 자연스레 내가 맡게 되었다. 그중 가장 힘들고 어려운 일이 삼화의 조상님 산소 벌초였다.

8월만 되면 큰 걱정이었다. 5~60년 전에는 산속에 화전밭도 있고 화목감을 구하거나 소를 방목해 산길이 반들반들 나 있었다고 했다. 내가 결혼해서 처음 다닐 때만 해도 산 밑 다랑이논에 벼들이 잘 자라고 있었다. 산비탈 밭에도 농사를 짓고 있어 어렵사리 길은 찾을 수 있었다. 그러나 현대 산업사회로 넘어오면서 노동력 부족으로 그 농토들이 모두 내팽개쳐졌다. 더욱 큰 산불이 난 후 사람의 발자취가 뜸해지면서 키를 훌쩍 넘기는 싸리나무와 가시 수풀로 뒤덮여 앞을 분간하지 못할 정도로 산길은 어슴푸레 없어져 가고 있었다. 중국의 '수수밭에 숨으면 못 찾는다.'는 말이 떠올랐다.

처음 몇 해는 페인트로 칠을 하거나 노끈을 띄우고 길목마다 표시를 하며 다녔다. 그러나 다음 해에 가면 언제 했냐는 듯 보이지 않고 풀과 잡목, 칡넝쿨로 뒤엉켜 길은 영 찾을 수 없었다. 더구나 태풍 '루사'와 '매미'로 산사태가 나고 둑이 떨어져 나가 길이 아주 없어져 버렸다. 항상 장마 끝 무렵에 벌초 행사가 이루어지므로 골짜기에는 개샘도 터져 있고 개울물도 불어나 산자락에서부터 물을 삶고 산을 오르기 일쑤였다. 늘 다니던 집안 어른들도 '그곳은 산새가 모두 똑같고 거기가 거기 같아 찾아가기 어렵고, 포락으로 지형이 변형되어 더욱 헷갈려 다들 헤맨다.'고도 했다.

오늘도 그랬다. 남편이 저만치 앞서가면서 뒤도 돌아보지 않고 빠르게 산을 오르기에 약이 오른 나는 샛길로 빠졌다. 멀찌감치 뒤따르던 아이들도 그 상황을 모르고 지나쳤다. 저 멀리까지 앞섰던 남편은 내가 따라오지 않음을 알아차리고 되돌아 찾기 시작했고 샛길로 빠진 나는 그만 길을 잃어버리고 말았다. 네 가족은 각자 흩어져 서로 이름을 부르며 산속을 정신없이 헤매고 다녔다.

산속에서 소리치면 산울림이 되어 잘 들을 수 있으리라 생각했는데 전혀 아니었다. 소리가 산속 골짜기와 나무들에게 흡수되어 멀리 가지 못한다는 것을 처음 경험했다. 아홉 시에 출발하여 얼마 안 돼 헤어졌는데 오후 2시에야 기진맥진한 채 산소에 모이게 되었다. 울먹이면서도 감사하게 생각할 수밖에. 제초작업을 좀 쉽게 해보려고 예초기를 둘러메고 간 아들은 산속을 헤매느라 엎치락뒤치락하면서 기름이 쏟아진 등짝이 벌겋게 성이 났다. 무겁다고 안 가져갔던 예초기를 군에서 막 제대한 아들이 힘자랑 하느라 가져간 것이 그만 화근이었다.

산소는 예나 다름없이 허리에 차오는 잡초와 무성한 풀 넝쿨로 우리를 힘들게 했다. 모두 탈진한 상태로 힘들여 풀을 내렸다.

"여보, 오늘은 대충 좀 합시다."

남편은 내 말에는 아랑곳 않고 어디서 기운이 솟는지 산소 주위를 더 넓게 깎고 있었다.

다 마치고 배낭 속에서 춤을 춘 제수들로 제를 올렸다. 허겁지겁 늦은 점심을 먹고 나니 모두들 노곤해 움직일 기력을 잃었다. 말끔하게 벌초한 봉분 곁에서 잠시 쉬다가 해질녘 산 노을이 붉게 물들인 긴 그림자와 동행했다.

도랑물에 땀으로 범벅이 된 얼굴을 씻으며 아이들이 한마디씩 주문한다.

"조상님 덕분에 이런 추억도 남기네. 엄마가 오늘처럼 삐치는 일이 다시없기를."

한바탕 웃으며 나는 아이들보다 더 오래 맑은 물에 손과 얼굴을 씻었다. 그리고 마음까지.

하루속히 산소를 옮기자고 의견을 모았다.

"그래, 이제 조상님 산소 이장이 내 생에 최대의 과제다."

남편의 말이다. 나도 당신의 생각에 공감한다며 그의 어깨에 가만히 손을 얹었다.

돌아오는 발걸음은 전에 없이 가벼웠다.

(2014. 9)

연둣빛 봄, 그날의 첫사랑

봄은 연둣빛으로 다가온다.

민들레 개나리가 기지개를 켤 때쯤이면 각 학교 입학식이 치러진다. 주택단지 뒤쪽 언덕 위, 초등학교 확성기 소리가 오늘 따라 유난히 크게 들린다. 마당가 양지쪽에서 달래를 캐던 나는 습관처럼 귀를 기울인다.

입학식이 있는 듯 담임 소개와 서로 인사하는 방송멘트가 나온다. 내 봄은 이제 저만치 서성이는데 마음은 아득히 먼 꽃피고 새 지저귀는 시절로 돌아간다.

불혹의 나이를 지난 1987년으로 기억된다. 집 한 칸 마련하겠다고 삼척교육청에서 위임해준 융자서류를 들고 오후 늦게 털털이 완행버스에 올랐다. 먼지가 풀풀 날리는 비포장도로를 달려 도계읍에 도착했다. 주위가 온통 새까맣다. 탄광촌임을 실감하며 농협은행에 들어섰다.

준비한 서류를 데스크에 내밀고 책꽂이에서 주간지를 뽑아 건성으로 넘겼다. 그런데 조금 전까지는 보이지 않던 깔끔하고 예쁘장한 아가씨가 서류를 뒤지더니 힐긋힐긋 나를 쳐다본다.

잠시 후 그 아가씨는 내 쪽으로 다가와 선생님이라 부른다.

"저~ 혹시~ 홍전초등학교에 계시지 않으셨어요?"

"예. 그렇기는 했었는데…."

"몇 년도에 계셨어요?"

"글쎄 아주 오래전이라."

"그런데, 그건 왜?"

"저 기하예요, 김기하. 김선자 선생님 맞죠."

주위의 시선도 아랑곳 않고 나를 덥석 안아 주지 않는가. 아가씨의 두 눈엔 금세 눈물이 그렁거렸다. 순간 나도 콧등이 찡해 잠시 마주 보고만 있었다.

"응. 그래그래. 기하구나, 두 눈이 동그랗고 쌍꺼풀이 예쁜, 그리고 착실하고 공부도 잘했는데…." 언뜻 우등상을 주지 못해 마음 아파하던 생각이 났다. 그 당시는 상대평가라 어쩔 수 없이 제한된 인원만 상을 주게 되어 있었다.

"부모님 편안하시고? 아유 ~ 전혀 몰라보겠구나!"

"선생님, 왜 이렇게 늙으셨어요? 예전 모습이 하나도 없어요. 선생님은 떠나실 때 우리에게 거짓말을 하셨어요. 그때 이임 인사를 하시는 선생님의 옷자락을 붙잡고 우리 모두는 울며 매달려 못 가시게 했을 때 교무실 다녀오신다고 하구선…. 우리들은 선생님이 떠나신 걸 알고 모두 운동장으로 뛰쳐나가 교문 쪽으로 달려가다가 교감 선생님께 야단맞고 교실로 들어와 온종일 울었어요. 교사 이동 때면 선생님 이름이 나오나 하고 방송도 유심히 들었어요. 반장을 하던 분이는 고등학교 선생님이 되었고요, 부반장 하던 남옥이는 서울에서 사장님 사모님이고, 미스 홍전 사삼(4학년 3반)에 뽑혔던 나미는 미용사예요. 저는 고등학교 졸업하자 곧바로 여기 정식 행원이 되었어요. 참 선생님, 우리들이 학교 뒷동산에서 화생방 훈련 때마다 뒤집어쓴 비닐봉지 속에서 뽀빠이 과자를 몰래 먹었던 일은 모르시죠?"

"응, 그래 그런 일이 있었구나, 전혀 몰랐네."

"우리들은 비닐봉투 속에서 수건으로 입을 막은 채 선생님 눈을 피해 옆 친구와 과자를 주고받고 낄낄거렸어요. 그 과자 맛은 지금도 잊을 수 없어요."

그 시절 매달 15일, 1,500명이나 되는 전교생이 학교 뒷산 골짜기에서 민방위 훈련과 화생방 훈련을 했었다. 기하의 말은 그칠 줄 몰랐다.

"선생님, 자취방에서 저녁 늦게까지 공부하던 일, 밥하고 송편 빚고 도넛 만들던 가사실습이며, 봄에는 산에 올라 진달래꽃을 따서 꽃술 게임도 하고, 여름에는 앞산의 화석탐사, 가을에는 단풍놀이 등. 그리고 또 한 달에 한 번씩 우리 반의 각종 왕 뽑기 대회도요. 우리들의 꿈을 키워주시던 일들을 모두 잊지 않고 있어요."

뽀얀 안개 속 까마득히 지나온 일들이 주마등처럼 떠오른다. 막 깨어난 햇병아리 교사가 어설피 페스탈로치의 후예가 되겠다고 모든 열정을 다 쏟아붓고 휴일에도 학생들과 같이 도시락을 싸들고 산으로 들로 쏘다녔다. 때깔 고운 진달래꽃잎을 입속 가득 넣어보기도 하고 푸른 하늘을 땅만큼 들이켜 오뚝이 배를 움켜잡고 때때옷으로 물든 단풍잎 위에 큰대자로 눕기도 했다. 겨울엔 눈사람을 만들고 싶다며 함박눈을 기다리던 아이들이었다. 고사리 화석을 찾아들고 공룡을 찾았다고 좋아하며 어찌할 줄 모르던 아이들.

쉬는 시간이면 분필을 내 던지고 아이들과 편을 갈라 놀이를 즐겼다. 사방치기, 동대문놀이 등, 특히 꽃찾기놀이인 '우리집에 왜 왔니, 왜 왔니'를 할 때면 선생님꽃이 자기네 꽃이라고 서로 열을 올리던 아이들. 서투른 솜씨로 아이들의 머리를 삐뚤삐뚤 잘라 줘도 아주 근사한 이발사로 착각해 주던 아이들. 도 지정 학급경영과 연구수업 공개발표회를 하느라 교실 마룻바닥을 짚수세미로 벗겨내 치잣물을 들이고 양초를 칠해 매끌매끌 미끄럼틀을 만들던 아이들이었다.

2학기 개학을 하면 장맛비가 흘러내린 교실 벽은 온통 까치버섯밭이었다. 횟가루에 물을 타서 걸레로 그 교실 벽을 맥질하던 촌뜨기 교사는 그 맥질이 포물선을 그리며 파도를 타는 것도 모르고 흐뭇해하던, 시골 고라리*이기도 했다.

내 생활의 전부였던 그때의 기억들은 교직생활 중 가장 재미있고 행복했던 잊지 못할 추억들이다. 울며 매달리는 아이들을 어쩔 수 없이 거짓말로 떼놓고 빠져나왔던 걸 생각하면 지금도 가슴이 먹먹하다. 그 아이들만 내리 삼 년을 담임하다가 12월 중간 발령을 받고 강릉의 집 근처로 이동한 것이다. 그때는 수시로 이동 발령이 가능하던 때다.

돌아오는 차창 밖으로 68명의 우리 반 아이들, 티 없이 맑고 순수했던 얼굴들을 그려본다. 지금 생각하면 부끄럽고 철없던 천방지축 시행착오의 새내기 교사 시절이 아니었나 싶기도 하다.

봄은 하늘에서부터 온다는 이 아침, 초임지에서의 생활을 돌아본다. 내가 맡았던 모든 아이들, 혹여 상처 준 일은 없었는지, 과연 최선을 다했는지….

아쉽고 그리운 첫사랑이다. 반세기가 지나도 내겐 여전히 여남은 살 소녀들, 어디서 무엇을 하든지 건강하고 행복하게 살며 우리의 만남을 아름다운 인연으로 기억해 주었으면….

이 아침 학교에서 들려오는 확성기 소리가 나의 잠든 봄을 깨운다. 가슴이 뛴다. 그 첫사랑으로.

*시골 고라리: 어리석고 고집 센 사람을 놀림조로 이르는 말

2부

감나무 그리고 감

감나무 그리고 감

장내(長川)에서 5대를 살아온 방골집이다. 마당가에는 백 살을 넘긴 가족 같은 감나무 여덟 그루가 그 살아온 세월만큼 굽은 허리로 가을을 열어 놓고 빙 둘러 서 있다.

가을 열매의 대명사는 감이다. 하늘을 빨갛게 물들인 감들이 긴 장대에 매달려 방골 댁 손끝을 타고 내려오는 모습이 다람쥐 곡예사 같다. 나무 밑에서 감 망태를 받아주는 이는 그 댁 남편이다. 나무에 오를 줄 모르는 남편이 방골 댁을 돕는 방법이다. 저녁이면 장대 끝을 타고 내려온 탐스런 '또배'와 '동철, 대반실'은 널따란 부엌 구석에 망부석처럼 앉아있는 항아리 속 따끈하게 덥혀진 물속에서 밤새워 목욕을 한다. 방골 댁은 목욕물이 식을세라 항아리 둘레에 잿불을 피워 준다.

이튿날 아침 감들은 탐욕의 속맛을 비워버린 능소화빛 얼굴로 방골 댁과 다시 만나 함박웃음을 나눈다. 함지박에 모셔진 그들은 방골 댁

머리 위에서 재 넘고 강 건너 삼십여 리 길, 갈대 춤을 추며 주문진 시장 구경에 나선다. 그들이 다시 꽁치가 되고 도루묵이 되어 자취하는 자야 방문을 두드린다. 길동무로 함께 따라온 함지박 속 베보자기에는 점심 요기의 흔적으로 남은 좁쌀 밥풀 알갱이와 고추장 무늬가 꽃잎 되어 박혀 있다. 자야에게 어머니의 그 밥보자기는 지금도 그 시절의 가슴 아렸던 기억들과 함께 잘 띄운 청국장맛 같은 어머니 냄새로 다가선다.

감꽃은 모심기할 즈음이면 떨어진다. 그 꽃을 주워 먹기 위해 새벽잠에서 깨어야 한다. 감나무 밑에는 벌써 여러 아이들이 다람쥐처럼 풀숲을 헤집고 다닌다. 뽀얀 감꽃을 꿰미(풀이름)에 꿰어 목걸이로 만들어 목에 걸고 하나씩 떼어먹으며 으스대다 예쁜 짓 하는 친구에게 나누어 주기도 한다. 감 알이 굵어져 풋감이 될 즈음 또다시 감나무 밑에는 새벽잠을 설친 아이들의 조잘거림이 싱그럽다. 주워온 풋감을 항아리 물속에 하루 정도 담가 두면 떫은맛이 빠지고 달큼해진 침감이 되어 침샘을 자극한다.

가을 운동회 연습 때면 아이들이 생감을 가져와 우적거린다. 그 감이 먹고 싶어 따라 다니며 "좀 줘, 좀 줘" 한 쪽씩 얻어먹을 때 그 맛 그 생감의 떫은맛, 너무 떫어 목이 메면 굵은 소금 두어 알 입속에 털어 넣는다. 그러면 금방 목이 탁 트이며 달콤함이 혀끝에서 맴돈다. 그러다 감물이 옷에 들어 야단을 맞기도 한다.

풋감은 자연 염색 원료로도 유용하게 쓰인다. 감물은 여러 번 들일

수록 짙고 고운색이 나온다. 감물 들인 천으로 옷을 해 입으면 시원하고 촉감이 부드러울 뿐더러 위생적이다. 방충 효과가 있어 집 진드기나 아토피 걱정도 없다. 예전에는 주로 서민들의 옷감으로 쓰였으나 요즈음은 품위 있고 멋스러운 귀한 옷감으로 대우 받는다.

늦가을 감들은 허물을 벗는다. 동네 아주머니들은 방골집 안방에 모여 비바람, 찬 서리 맞고 잘 익은 감들을 골라 깎기 시작한다. 깎은 감들은 싸리꼬챙이에 꿰어져 열 명의 친구들과 어깨동무를 하고 반그늘에서 방골 댁 사랑을 받아 곶감이라는 개명으로 다시 태어난다. 곶감은 비타민 A, C가 사과보다 열배 정도 더 많이 함유되어 있다 한다. 감기와 고혈압 예방, 정력 강화, 숙취 해소, 기관지 강화 등 효능도 다양하다고 한다. 특히 곶감 표면에 배어나는 하얀 가루는 당분 가루며 '시설'이라 하는데 생감을 말리는 과정에서 포도당과 과당이 굳어져 된 것이다.

제사상에도 빠지지 않는 게 감이다. 조(대추), 율(밤), 시(감), 이(배) 중 감은 씨가 여섯 개로 육조판서를 뜻하기도 하고, 감이 열렸던 가지 속은 검게 되므로 '자식을 키우는 부모는 속이 탄다.'는 뜻으로 부모를 생각하며 상에 올린다는 설도 있다. 갈무리 방법에 따라 풋감, 연감, 단감, 침감 혹은 오시, 곶감, 연시, 반시, 홍시 등 여러 가지 이름으로 부른다.

감은 구황 과일로 버릴 것이 없다. 새순은 차로 우려 마시고 밥도 해 먹는다. 꽃은 아이들의 간식으로, 껍질은 말려서 먹고 꼭지는 약재로 쓴다. 깨어진 감도 쪼개어 감 말랭이로 먹는다. 여러 가지로 좋은 간식거리다. 그 시절 어른들은 감을 딸 때도 가지 끝에 까치밥이라 하여 몇 개의 감을 남겨두는 넉넉함을 보였다.

지금 자야가 살고 있는 오두막 둘레에도 감나무 다섯 그루가 서 있다. 100살쯤 된 감나무는 일 년 내내 날짐승들과 숨바꼭질을 하고 있다. 가을이 되어 감이 익으면 그의 남편은 손이 닿는 아래쪽 가지에만 따고 반 넘게 남겨 둔다. 눈으로 먹고 뜰에 다녀가는 날짐승에게도 내어주기 위해서다. 눈꽃서리 필 때면 가지 끝에 매달린 빨간 감은 더욱 색이 곱고 짙어져 겨우내 자야네 눈을 즐겁게 해준다.

생각해 보면 감은 일 년 내내 먹었던 것 같다. 봄철, 주린 배를 채워주던 꽃에서 동지섣달 눈보라 속 곶감까지 일 년 내내 우리의 먹거리를 이어주던 옛 고목나무 감. 한겨울 항아리 속, 솔잎 사이에 숨겨 두었던 얼음 낀 홍시를 꺼내 호호 입김으로 녹이며 긴 겨울밤을 정감 있고 풍요롭게 해주던 감이 아니었나. 자야 학비를 조달해 주던 방골집 감은 7~80년대까지 가정 경제에 보탬도 주었다. 그러나 지금 그 감나무는 구새 먹은 밑동만 남아 홀로 터를 지키는 서글픈 성주가 되었다. 가지 끝에 종처럼 매달려 익어가는 감은 화려했던 지난날들을 그리워하며 허공 속 까치밥으로 남았다.

(2017. 9)

전당포

좌불안석이다. 1973년 동짓달, 신혼 초다.

벽장 속 쌀자루가 달랑거린다. 지난번 시동생이 다녀가면서 '우리 동네에 쌀을 외상으로 주는 집이 있으니 필요하면 갖다 먹어요.'라던 말이 생각나서 시내버스에 올라 동서 집을 찾는다.

동서는 부엌에서 군불을 지피고 있다.

그녀는 아궁이 앞에 쭈그리고 앉아서 제 속같이 타들어가는 청솔가지의 매캐한 연기를 맡으며 겨우 입 밖으로 내뱉는다.

"여기 쌀 외상으로 주는 집이 있다는데."

자라목이 된 그녀의 목소리는 모기소리만큼 작다.

"어, 벌써 다 팔렸대요."

그녀의 눈동자에 초점이 흐려진다.

고개를 푹 숙이고 돌아서는 그녀는 물 한 모금도 못 마신 듯 배는

등가죽에 붙었다. 벽장 속 밑바닥이 보이던 광목 쌀자루가 허공으로 둥둥 떠오르더니 하늘을 허옇게 뒤덮는 듯했다.

전당포에 들렀다. 결혼기념으로 받은 손목시계를 맡겼다. 그 주인은 전당포와 쌀가게를 같이 운영하고 있었다. 초면인데도 그냥 가져가라며 한 됫박을 봉지에 넣어주었다.

어둠이 물안개처럼 서리고 있다. 그가 먼저 와 있다. 그의 일그러진 마음이 전해진다. '친구 만나 시간 가는 줄 몰랐어요. 미안하네요.'라고 둘러댄다. 그녀는 쌀 봉지를 벽장 속에 감추고 저녁밥 준비를 하러 부엌으로 내려간다. 잠시 후 그가 부엌 쪽창으로 얼굴을 내밀고 겸연쩍은 미소를 지어 보인다. 쌀 봉지를 보았는지, 박씨네 단칸방 월세살이 때다. 어머님과 셋이 한방을 쓰던 그녀의 신혼 열 달쯤의 이야기다.

새벽 4시부터 연탄아궁이를 열어 화력을 높인다. 그리고 마당가의 펌프수도에 마중물로 물을 올려 부뚜막 연탄아궁이 옆에 박힌 항아리에 붓고 연탄의 열을 이용해 물을 덥혀서 쓴다. 그 박씨네 집에서 석 달을 살다 본가로 합가했다.

본가도 셋집이나 두 집 생활비를 책임져야 하는 그녀네는 절약의 한 방편으로 합가를 택했다. 맏동서와 조카 셋, 어머님과 그녀네 아이 둘, 아홉 식구가 북적이며 살았다. 그녀 내외는 맞벌이로 어머님과 맏동서는 그녀네 아이들을 키우며 15년을 그 셋집 두 칸 방에서 공동체로 견뎠다. 세 조카들의 학비 조달과 생활비로 옷깃에 스며드는 바람 바람이 한층 더 시리게 느껴지던 시절이었다.

전당포는 사채업의 일종이다. 빌려주는 돈에 두 배 이상 값어치의 물건이어야 된다. 맡길 물건이 그만큼 가치가 있어야 이용할 수 있다. 70년대 전당포의 인기 품목은 라디오나 TV이고 80년대는 비디오나 컴퓨터, 요즘은 귀금속이나 명품들이 주종을 이룬다고 한다. 맡겼던 물건을 찾아오지 못하는 경우도 허다했다. 어두운 이미지의 전당포였지만 그 시절 급할 때 서민들 사이에서 필요한 돈을 빌려 쓸 수 있는 유용한 수단이었다.

그 시절에는 개인끼리도 높은 이자로 돈놀이하는 사람들이 있었다. 그녀에게는 여태 털어놓지 못한 비밀이 있다. 한두 번밖에 껴 보지도 않았던 결혼 루비반지를 이웃 학교 선생님에게 맡기고 이십만 원을 빌렸다. 그런데 사천 원을 덜 갚고 좀 떨어진 곳으로 전근이 되었다. 얼마 후 찾으러 갔더니 그 선생 배짱 좋게 그 반지를 끼고 다녀서 알과 테 사이사이가 새까맣게 되어 있었다. 원래도 보석에 관심이 없어 끼지 않았던 반지였지만 그녀의 속마음은 비가를 부를 수밖에.

그 몇 해 뒤 그녀 남동생이 약혼을 했다. 그녀는 그 반지를 좀 더 큰 알로 바꾸고 예쁘게 해서 동생 약혼녀 선물로 주어버렸다.

그녀는 모처럼 서울 아들네에 와서 잊고 지내던 옛일을 추억으로 되새겨본다. 없어진 줄로만 알았던 전당포가 눈에 띄어 반갑기도 하고 생경스럽다. 7~80년대 한창 성업을 이루던 전당포가 근래에는 신용카드의 정착으로 그 수가 희귀해졌고 이용률도 저조하다고 한다.

급할 때 신용조회 없고 복잡한 서류나 규제 없이 24시간 이용이 가능했던 전당포. 서민들의 애환이 곱이곱이 담겨 있는 곳이 아닌가. 결혼기념으로 받은 손목시계가 봉지쌀이 돼 허기진 배를 채워주기도 했는데 말이다. 옛것들이 시나브로 사라져가고 있다.

찔레꽃 친구

1950년대까지도 자식들은 곧 노동력이라 생각했다. 더구나 시골에선 남존여비 사상으로 여자아이들에게는 외출은 물론 학교에 보내는 것 자체를 탐탁스레 여기지 않았었다.

피난살이 시절이었지만 아버지의 교육 열정으로 초등학교 졸업생 중 오직 나 혼자만 중학교에 진학하게 해 주셨다. 마침 폐교되었던 길안중학교가 안동중학교 길안분교로 인가돼 입학생이 사오십여 명이었다. 그 중 여학생은 9명이었다. 다행히 아랫마을에 이사 온 친구가 있어 등하굣길이 즐거웠다.

왕복 통학거리가 30여 리나 되었다. 고샅을 돌아 나오면 쭉 늘어선 미루나무 신작로, 그 길을 가로지르며 굽이돌아 흐르는 낙동강 지류인 길안 큰 강을 자그마치 세 번 건너야 한다. 강을 건너기 전 첫 번째 자갈모래밭 소(숲)가 쫙 펼쳐지는 앞에서 친구를 만난다. 그 소를 끼고 강가를 따라 한참을 더 걸어 강물을 건너다보면 물고기들이 내 정강이를 자기들 먹이창고로 알고 달려들곤 한다.

가뭄에는 돌다리나 보 위로 다니지만 비가 오거나 눈이 녹아 물이 불어나면 겉의 아랫도리까지 벗고 책가방은 머리 위에 이고 건널 때도 있다. 미리 속옷을 준비하고 집을 나서기도 한다. 그뿐인가. 추운 겨울 물속에 들어서면 발목이 잘리는 듯 강물을 건너온 맨발은 돌서더릿길 돌멩이에 쩍쩍 얼어붙고 감각이 없다. 걷다 보면 화롯불 위를 걷는 것처럼 화끈거려 팔짝팔짝 뛰며 서로를 쳐다보고 웃기도 한다.

그러나 봄이면 숲에서 새 생명들이 삐 삐 삐요 몸부림을 친다. 찔레나무도 연둣빛 새순들을 밀어 올리며 돋아나는 모습이 비 온 뒤 죽순처럼 힘차다. 느긋해진 하굣길 친구와 허겁지겁 한 움큼의 찔레 순을 꺾어들고 허기를 달랜다. 찔레 순을 입속에 넣고 잘근잘근 씹으면 단발머리 소녀의 입속엔 쌉싸래하고 향긋한 향이 배어든다. 그러다 누가 빨리 먹나 털어 넣고 찔레 먹고 맴맴, 고추 먹고 맴맴 '하하 호호' 입안까지 파랗다. 찔레 순을 휘어 걸어서 어떤 순이 더 센가. 세기 싸움도, 키 대보기도, 가위 바위 보로 잎 따기 놀이도 한다.

5, 6월이면 온 강가에 하이얀 꽃길이 이어진다. 지천으로 피어오른 하얀 찔레꽃은 강변을 온통 옥양목 바래기 하듯 뒤덮고 물안개 품은 향기는 저녁연기 피어오르는 강마을 등성이로 넘어간다. 꽃처녀 된 소녀들, 향기로 시장기 채우고 벌 나비들과 눈빛으로 노래하며 입속 가득 꽃잎을 털어 넣는다.

어느 가수는 찔레꽃을 순박한 꽃, 별처럼 슬픈 꽃, 달처럼 서러운 꽃이라 했다. 향기는 너무 슬퍼서 울었다고 했고. 봄 한철 찔레꽃은 소녀의 가슴속에 시리도록 다가왔다. 새하얀 꽃잎은 얼마 전 하늘로 떠난 청순한 언니 같은 꽃이다. 어머니 꿈속에 나타나 북두칠성 중 가장 큰 별이 되었다고 현몽했다는 언니, 소녀를 몹시도 아껴주던 언니의 마음이 찔레향기로 전해진다.

가을 강변길은 태양 빛을 흠뻑 머금은 빨간 열매들이 수를 놓는다. 뜨거운 태양 아래 발가벗고 물놀이하던 아이들이 보이지 않게 될 즈음 찔레나무는 붉은 구슬을 뿌려 놓은 듯 익어간다.

하굣길 소녀를 쳐다보며 자꾸만 말을 걸어온다.

"니들 어디 가니?"

"집에 간다."

"오늘은 뭐 배웠니?"

"사랑하는 법 배웠지."

송골송골 매달린 빨간 열매를 머리에 꽂고 마주보며 눈웃음 짓기도, 입에 물고 남사당이 되어 두 팔 벌리고 뒤뚱뒤뚱 줄타기도 해본다.

친구와 둘이서 신작로 옆, 고개 숙인 벼이삭이나 수수를 뽑아들고 잘근잘근 씹으면 뽀얀 곡물이 아리하고 향긋하게 입안 가득 고인다. 입가에 묻은 하얀 얼룩을 마주보며 낄낄 손가락질한다. 길옆 무도 한 개 툭 쳐서 이빨로 둘둘 깎아내고 쓱싹거리며 주인에게 들킬세라 줄행랑을 친다. '오 태양'도, 때로는 유행가도 부르며 무지갯빛 청춘의 학교

길을 오갔다.

그해 겨울 친구가 학교를 그만두었다. 어찌된 영문인지 소식도 없이 갑자기 이사를 가버렸다. 적막감이 깃든 긴 숲길을 지날 때면 바짝 긴장되었다. 종종 귀신이 나온다는 이야기도 전해 들었다. 늦가을 해가 짧아지면 어머니는 멀리 숲 앞까지 마중 나와 서성이었다. 그 모습이 어렴풋이 보이면 한걸음에 달려가 어머니의 목을 끌어안기도 했다.

친구가 없는 길은 온통 비어 있었다. 외로운 길 그리움의 길이었다. 그 무렵부터 손안에 들어오는 영어단어장을 만들어 외우면서 다녔다. 그해 그곳에서 2학년을 마치고 고향 강릉으로 전학했다. 그때 머릿속에 각인된 단어들은 지금도 또렷하다. 그 버릇은 상급학교에 진학해서도 계속 이어져 그 후 단어들은 모두 길 위에서 외웠다.

50여 년이 지난 뒤 그 길을 찾았다. 지난날 그 강변과 숲, 하얀 찔레꽃 길은 흔적조차 찾을 수 없고 왕복 2시간이 넘는 등하굣길은 자동차로 10분 거리였다.

몇 해 전부터 수소문해오던 그 찔레꽃 친구를 지난봄 아주 어렵게 만났다. 노래도 잘 부르고 목련꽃 같았던 그 소녀, 아들 며느리 손자와 같이 나왔다. 마주보는 순간 똑같이 달려들어 끌어안고 눈물을 글썽이다 어느새 까르르 예전의 소녀로 돌아가 재잘거리고 있었다. 그동안 신장이식을 받고 남편과 함께 전원에서 농사를 지으며 건강을 지키고 있다 했다. 건강이 좀 걱정돼 보였지만 자식은 잘 키운 듯 보였다. 나이 들면 추억을 먹고 산다는 말이 생각났다.

찔레꽃은 가시가 있어 찔린다고 붙여진 이름이란다. 향기가 장미와 같다고 '들장미'라고도 하고 잘 자란다고 '야생장미'라고도 한다.

30여 년 전 우리집 지을 때 추억 속 찔레나무 한 그루를 마당가에 심었다. 생장이 빠르고 잘 자라 튼실하게 꽃을 피웠다. 향기도 여전했다. 열매도 예전과 똑같이 탐스럽고 빨갛게 익었다. 찔레 순을 꺾어 입에 넣어본다. 그 맛이 아니다. 그때 그 하얀 교복 깃의 소녀를 찾아 찔레꽃 핀 강가를 한없이 거닐어 본다.

(2017. 4)

꼬마들의 선물

유월의 싱그러운 아침이다.

교정 주위는 아카시아꽃향기루 꿀 따는 벌들의 바쁜 날갯짓이 요란하다. 여느 때와 같이 학교 복도로 들어선다. 웬일인지, 교실 저편 우리 4학년 1반 쪽에서 아이들의 왁자지껄, 오늘 따라 유난스럽다.

아니 지금 아침 공부 시간인데, 요 녀석들 봐라. 잦은걸음으로 교실 문 앞에 서자 조금 전 소란스럽던 분위기는 간곳없고 문이 꼭 닫혀 있다. 문을 닫고 자습할 날씨가 아닌데, 후다닥 문을 열고 들어서는 순간 무엇인가 머리 위로 주르르 흘러내림과 동시에 '와아~' 하는 함성과 박수 소리가 요란하다.

장난꾸러기 두 녀석이 창틀 위에 올라앉아서 종이 꽃가루를 뿌리고 있지 않는가.

"너희들 왜 이러니. 내려와, 다친다. 오늘 무슨 날이니?"

"아~ 니요.~" 합창이다.

"선생니님, 앞으로가 보세요."

"왜에~?"

"글쎄~요~."

이윽고 내 자리로 와보니 교사 책상 위에 신문지가 얌전히 덮여 있다. 들어올리는 순간 '아니 이럴 수가' 접시에 과자와 음료수가 정성스럽게 차려져 있다. 예쁘게 포장된 선물꾸러미도 보인다.

"도대체 오늘 무슨 날인데, 누가 시켰니, 왜 이런 짓을 했어?"

"선생님이 피곤하신 것 같아 위로 잔치예요. 우리가 용돈을 조금 모았어요. 스승의 날 선물도 못해서요."

이곳 사정으로 보아 용돈을 주머니에 넣고 다닐 아이들이 있을 것 같지 않은데 말이다.

"이 녀석들, 너희들 부모님께 돈 달라고 졸랐지~?"

"아니요~" 한결같은 대답이다.

"아침 공부는 어쩌고들?"

"우리 모두 다 했어요. 한 시간 빨리 왔어요." 능청스럽다.

"얘들아, 다시는 이런 짓 하지 마아, 이왕 차린 것이니 같이 먹자꾸나. 난 음료수 한 컵이면 되니 너희들 사탕 하나씩 먹으렴. 어차피 나 혼자 이걸 다 못 먹잖니?"

"우리 것도 있습니다요~."

"그래도 먹어봐, 이건 선생님이 주는 거야."

"선생님 선물 궁금하시죠? 빨리 풀어보세요."

쑥스럽고 어색했지만 성화에 못 이겨 풀어본다. 짧은 스타킹 두 켤레와 플라스틱목걸이다. '아, 이 아이들 눈에 내 모습이 초라하고 안돼 보였나 보다.' 하긴 목걸이 한 모습을 한 번도 보인 적이 없으니…….

"선생님, 목걸이 해보세요. 얼른요~. 와아, 짝짝짝. 예뻐요. 선생님."

다음은 선생님을 위한 오락 시간이란다. 누가 시키지도 않았건만 사회자가 나오고 저희들끼리 프로그램을 척척 잘도 진행한다. 스스럼도 없고 부끄럼도 없다. 독창, 이중창, 콩트…….

조용한 아침 공부 시간이어야 하는데, 윗분들 아시면 어쩌나 가슴이 조마조마한데~ '담임의 위로 잔치라니~' 철없는 아이들은 선생님 속 타는 줄도 모르고 천연덕스럽게 잘도 한다. 한참을 진행하더니 선생님의 노래가 듣고 싶단다. '이런 야단이 있나, 아침부터 노래라니' 시간은 흘러 첫 교시 수업종이 울린다.

심사평이 그럴 듯하다. 정수는 음정이 틀렸고, 찬호는 태도가 틀려 감점이고, 인호는 백점이며, 선생님은 만점이란다. 덕분에 난 하루 종일 그 목걸이를 하고 교실에 있어야만 했다.

어느 사이 갓난쟁이 새끼 오리들이 백조로 변한 것 같은 느낌이다. '교직은 성직'이라 했던가.

"얘들아, 선물 고맙다. 오늘은 공부가 더 잘될 것 같지."

(1987. 6)

미련한 새댁의 출산기

“아이고 배야, 아이고.” 천지가 온통 노란빛이다.

하늘에서 번갯불이 번쩍번쩍한다. 1974년 5월 28일 오후 두 시 좀 지나서다.

우지끈 지끈 천둥소리가 요란하다. 온 천지가 먹장 빛이다.

“아이고, 배야, 엄니~ 뭐 나왔어요.”

“원래 그렇다, 아직 멀었다.”

회오리치던 바람이 잠깐 멈추며 설핏 잠이 들었다. 하지만 채 5분도 되지 않아 다시 몸부림쳤다. 잡고 있던 철제 침대 기둥도 함께 태풍에 휩싸였다. 그러기를 한 시간 남짓 되었을까. 기다림이 무료한 어머님은 잠시 시장엘 나가셨다가 아예 집에까지 다녀오셨나 보다.

“아이고, 배야, 아이고.”

‘애 낳아 봐야 부모 마음 안다.’고 하던 친정어머니의 얼굴이 동공 속으로 들어왔다 사라졌다.

전날 밤부터 가끔 배가 아파왔다. 차츰 그 아픔의 빈도가 잦아졌다. 통증도 점점 심해졌다. 끙끙 앓았다. 하지만 날이 밝아오니 말짱했다. 분만 예정일이 한 달이나 지나가고 있었다. 아기는 새댁이 가꾸어 놓은 정원 속에서 꽃들과 노니노라 세상구경을 하려 하지 않았다.

여섯 식구가 철제 두리반 앞에서 아침 식사를 하고 있었다. 각자 양은대접에 밥 한술, 김치 몇 조각을 고추장에 비벼 멀찍이 나앉아 비우기 시작했다. 큰 조카와 겸상을 하고 있던 신랑이 말문을 열었다.

"엄니, 저 사람 지난밤에 배 아팠어요. 병원 데려고 가 봐요."

"아니, 애 가지면 많이 움직여야 쉽게 낳는다. 빨리 먹고 요강 가져오너라."

누구의 명령인가. 주섬주섬 채비를 시작했다. 체격이 큰 편이라 남들보다 두 배나 커 보이는 배를 내밀고 십여 리 넘는 길을 걷기 시작했다. 처녀 때 자취하던 재실(齋室)방에 싸 둔 사기요강을 가져오기 위해서였다. 그날따라 날씨는 무덥기 짝이 없었다. 걷기조차 힘에 겨워 흐느적이는 걸음으로 논두렁을 가로질러 도랑을 건너고 철다리 밑을 지나 기차 건널목도 넘어섰다. 시나브로 목이 타서 얼음과자 하나를 입에 물었다. 또다시 배가 아파왔다. 아파도 너무 아팠다.

인적이 드문 밭 가운데 빈 제재소 뜰이 눈에 들어왔다. 눈치 볼 것 없이 뜰에 엎드렸다. 아예 안방처럼 몸을 뉘었다. 그러다 그만 배를 움켜잡고 꼬꾸라졌다. 지나가던 아줌마가 놀라 '애 나온다.'고 병원에 빨리 가라며 측은한 눈빛으로 소리쳤다. 잠시 후 거짓말처럼 말짱해졌다. 그렇게 가다 쉬다 반복해 두어 시간 고투 끝에 요강을 싸 들고 귀갓길에 올랐다.

그날 신랑이 점심식사를 하러 집에 잠시 들렀다. 식사를 하는 도중, 다시금 상 앞에서 배를 움켜쥐었다. 깜짝 놀란 신랑이 어머님께 오백 원을 주며, 빨리 병원으로 데리고 가라고 당부하곤 사무실로 가버렸다. 은근히 집에서 출산하기를 기대했던 어머님은 신랑의 채근에 할 수 없이 보따리를 챙겼다. 세숫대야, 세면도구, 솜이불과 그 외 소지품들을 한 보따리 싸서 새댁머리에 올려놓았다.

머리가 보따리 속에 파묻힐 정도였다. 땅바닥만 내려다보며 어기적 어기적 걸었다. 이상하게도 큰길을 걸을 때는 배가 하나도 아프지 않았다. 공연히 가는 게 아닌가 하는 생각마저 들었다. 어머님은 뒷짐을 지고 휘적휘적 뒤를 따랐다.

오후 2시, 입원 수속을 마쳤다. 이층 병실 푹신한 침대에 누웠다. 간호사가 주사 한 대를 놓아주었다. 통증이 밀물처럼 밀려왔다. 촉진제였다. 점점 빠른 속도로 목 밑까지 차올랐다. 하늘이 노래지더니 차츰 먹빛이 되어 갔다. 그러기를 수차례, 마구 소리를 질렀다. 애기를 낳을 땐 고무신을 거꾸로 신는다고 했던가. 그 말이 실감났다.

이윽고 담당의사가 병실로 왔다. 의사는 잘 참을 것 같았는데 엄살을 부린다며 아직 멀었으니 기다리라고 했다. 게다가 옆 병실에서 시끄럽다고 한다며 휑하니 나가 버렸다. 이를 악물고 입술을 깨물며 통증을 참았다. 피마저 흘러내렸다. 침대까지 춤을 추듯 덜컹거렸다. 그런 진통이 서너 시간 남짓 계속되었다. 전신이 두 동강이 나며 하반신이 떨어져 나가는 듯했다.

"엄니, 이번엔 정말로 뭐 나왔어요!"

다급하게 소리를 질렀다. 무덤덤하던 어머님이 가까스로 덮고 있던 홑이불을 홱 걷어 올린다. 순간, 단 몇 초의 숨막히는 적막감이 몰려온다.

"아이고, 간나 낳느라 그 지랄했구나!"

진통이 멈추며 어머님의 외침을 듣는다. 정신마저 혼미해진다. 스물아홉 첫 출산이다.

순간 꽈당 탕, 문 여는 소리며 뒤이어 어머니의 외침이 들린다.

"야들아, 야들아. 여기 아 나왔는데 뭐하고 있노."

"우당탕 통탕" 발소리가 들려온다. 몸이 허공에 뜨는 것 같더니 무언가에 끌려가는 듯하다. 실눈을 뜨고 천장을 바라본다.

수술실이라는 표지판이 언뜻 보이는가 싶었다. 이어 누군가의 지시에 하나, 두울, 세에엣 콧속으로 소독약 냄새가 역하게 흘러듦을 느끼며 하늘나라로의 여행을 위해 날개옷을 입었다. 날아오르려는 순간 친정어머니의 고함소리에 눈을 떴다. 희멀건 팔뚝에 시뻘건 플라스틱 줄이 낯설게 느껴졌다.

"이게 뭐예요?"

그제야 어머님은 얼굴을 들이대며 하룻밤 자고 가란다고 하셨다.

"물러 터져서. 피를 두 병째나 맞는다. 쌍둥이 어미는 애 낳고 그 자리에서 발딱 일어나 집에 가자고 하던데. 쯧쯧."

다시금 스르르 눈을 감고 흰나비를 쫓아 떠났다.

시간이 얼마나 지났을까. 시끌벅적 소리에 눈을 떠보니 윗동서가 미역국을 끓여 왔다고 먹으라고 권했다. 아프고 쓰려 움직일 수가 없었다.

"몸뗑이가 물러 터져서…."

여전히 어머님의 볼멘소리였다.

눈을 떴을 때는 눈부신 햇살이 온 병실을 환하게 밝히고 있었다.

"애기는요? 애기는 어디 있어요?"

"글쎄 간나들이 애 씻기는데 아를 강아지 잡듯 한손으로 쥐고 이렇게 이렇게 물만 끼얹더라."

어머님은 손바닥을 펴 펄러덕 펄러덕 흉내를 냈다. 잠시 후 간호사가 아기를 데리고 왔다. 포대기를 열어 여자도 함께 보여주었다. '가엾은 것' 탄식이 절로 나왔다. '너도 이런 고통을 겪어야 하는구나.' 생각하니 눈물이 왈칵 쏟아졌다. 회진하는 의사에게 물었다.

"퇴원해도 좋은가요?"

"항생제를 더 맞고 하룻밤 더 있어야 됩니다."

이튿날 퇴원 준비를 하고 있을 때 어머님은 엉뚱한 말씀을 하셨다.

"의사한테 가서 병원비 깎아 달래라. 병원에서 돈 벌려고 피를 두 병이나 주고 쓸데없는 몸보신 주사도 줬다."

뒤뚱거리며 의사를 찾아갔다. 그렇지 않아도 홀로 해산했기에 많이 깎아 줬다고 했다. 고이 간직했던 결혼반지를 팔아 포대기와 기저귀를 사고 남겨두었던 이만 오천 원 모두를 내주었다.

아기를 안고 어머님과 함께 마당에 들어섰다. 마침 24시간 근무하고 쉬고 있던 신랑이 손가락으로 새댁을 겨누고 벼락치듯 소리쳤다.

"당신이 어찌 엄니 속을 그리 썩이고 고생시켰소?"

순간 울컥하는 마음에 얼굴을 숙이고 얼른 방으로 들어가 애기를 내려놓았다. 눈물이 쏟아졌다.

진통을 겪으며 신랑이 와 주기를 얼마나 목 타게 기다렸던가. 살점이 찢겨 나가는 산통에도 수고한다는 말 한마디 없던 신랑이 아니었던가. '힘들었지, 수고했어.' 한마디의 위로라도 받기를 원하지 않았던가. 그 순간 신랑 얼굴만 봐도 전혀 아프지 않을 것만 같았는데. 신랑은 병원 앞으로 자전거를 타고 출퇴근하면서 한 번도 들르지 않았음은 물론 위로의 말 한마디도 하지 않았다. 그러려니 생각했지만 야속하고 서운했다.

많은 시간이 흐른 뒤에야 비로소 알게 되었다. 피를 갑자기 너무 많이 쏟아 목숨이 경각에 이르렀었으며, 신랑이 나타나지 않아 미혼모로 의심 받았다는 것을…. 어머님이 계집애 낳았다는 비통함에 두 다리 뻗고 대성통곡했다는 것과 남자가 병원에 들락거리면 병원비 많이 달란다고 못 오게 했다는 말 등등을….

그 이 년 뒤 아들손자를 직접 받으신 어머님의 첫마디. "얼마나 먹으려고 배꾸녘이 이리도 크냐."

이어 "고추다." 새댁은 가정 분만을 결심했고 순산 이었다. 그 딸아이도 덩달아 대우를 받았다. 아이들이 어머님 일상의 분신이 되었다.

새댁의 월급봉투를 받아든 어머님의 함박꽃 웃음이 떠오른다. 함께 살아서 불편함보다 몇 배 더 큰 사랑을 아기가 받고 자라지 않았던가. 하루 예닐곱 번씩 버스를 갈아타고 다니던 직장의 고역도, 가족애의 구심점이 되어 보람되지 않느냐. 스스로를 위로했다.

고희(古稀)가 된 신랑이 놀러온 지인에게 일렀다.

"어느 집안이든 화평하려면 그 집안 누군가의 희생이 있어야 한다."

그렇다. 친정어머니의 당부 말씀을 지금도 되뇌고 있다.

"애 낳거든 예쁘다고 빨지 말고, 신랑 퇴근할 때 뛰어나가 맞지 말고."

바보 새댁은 지금까지 미련한 곰으로 살고 있다.

(2015. 9)

두레박 온천

탕 속에 앉아서 하늘을 본다.

물안개로 퍼지는 김이 희뿌옇다. 옥황상제가 장장채승(長長綵繩)* 을 내려준다면 탕을 송두리째 묶어서 하늘나라 구경을 하는 선녀가 되고 싶다.

"어머니, 저랑 일본 다녀와요."

"아니야, 난 걷기 어려우니 안 가련다. 너나 다녀오렴."

"가려는 곳은 걷는 데가 없어요. 온천만 할 거예요."

"뭐 목욕하러 일본까지 가. 여기도 좋은 곳 많은데."

두어 해 전부터 아들의 청이었다. 해외여행 한번 못 시켜드린 아버지를 생각해선가. 직장에 휴가까지 내고 재촉하니 어쩔 수 없이 3박 4일 여정으로 따라 나섰다. 하지만 마음은 영 편치 않다.

---

* 장장채승(長長綵繩): 오색의 비단실로 꼰 긴 동아줄

일본이라는 나라가 내키지 않았다. '일본에서 외화를 써야 하나.' 기내 창밖으로 내려다보이는 매지구름 위에 명성왕후와 악마의 탈을 쓴 일본 사무라이 모습이 겹쳐진다. 여기저기 방문이 화닥닥 열리고 군화 소리가 얹힌다. 명성왕후 대신 죽어갔다는 궁녀의 모습이 너울져 가슴이 짠해온다. 뒤이어 서릿발 같은 명성왕후의 호령소리가 도적떼들이 내는 금속성 소리에 묻혀버린다. 얼마나 서러웠을까. 슬프고 원통한 그의 뒷모습에 가슴까지 울컥거린다. 왜 즐겁고 행복해야 될 여행길에 그들이 떠오르는지. 잡념에 잡혀 있는데 아들이 귓속말로 속삭인다.

"일본 영공에 들어섰어요. 저기가 대마도예요"

그래, 이왕 떠났으니 즐겁게 보내자. 1시간 20분 만에 비행기는 후쿠오카공항에 착륙했다.

공항에서 전세버스로 가고시마에 도착했다. 사람 사는 곳은 어디나 비슷하다는 느낌을 받았다. 일본 전통이 고스란히 남아있다는 유후인을 돌아본다. 우리의 80년대 같은 느낌을 받으며 현대 문화 문명이 고도로 발달된 일본인들이 옛것을 중요시함이 가슴에 와 닿는다. 내가 사는 곳보다 위도가 낮은 때문인가 12월인데도 마당의 채소, 밭작물들이 싱싱하다. 도로변에 주차된 차는 볼 수 없고 지나다니는 경차만 눈에 뜨인다. 갓길이 없고 비좁은데 잘도 빠져 다닌다. 경제대국인데도 소박함이 묻어난다.

우리와는 대조적이다. 또 도심 속을 흐르는 검은 강물에 배를 띄워 관광자원으로 활용하는 일본인의 발상이 놀랍기만 하다. 그리고 가이

드의 설명인데, 일본엔 볼 수 없는 것 세 가지가 있단다. 십자가, 한국 자동차, 경품제도란다. 말 그대로 그 흔한 십자가는 물론 현대자동차 하나 보이지 않는다.

셋째 날 5성급 료칸 전통 다다미방 체험이다. 왕골 돗자리로 된 다다미 실내가 우아하게 꾸며져 있다. 내 집 '학고재 오두막' 실내도 그렇게 꾸미면 좋을 것 같아 사진을 찍었다. 호텔에는 다섯 곳에 온천탕이 있는데 한 곳은 노천탕이고 네 곳은 실내 탕이다. 도착하면서 노천탕으로 달려갔다. 소나무와 잡목, 숲이 우거진 골짜기에 자연과의 조화를 살려 동그라미, 네모, 세모 모양의 옹달샘 같은 탕이 옹기종기 모여 있다. 탕 속에는 3~4명 정도 들어갈 수 있다. 마치 우물 속 두레박에 앉아있는 느낌이다.

어릴 때 대나무 목욕 들통에서 때를 씻겨 주던 어머니 모습이 하얀 수증기 위에 날아든다. 쇠죽 끓이는 가마솥에서 구박(쇠죽바가지) 가득 퍼 담은 뜨뜻한 여물 물에 갈라터진 손발을 불려 씻은 동생이 뽀얀 손을 내밀며 헤벌쭉 웃음 짓던 모습이 따스하게 흩날려온다.

여고시절, 달갑지 않았던 내 별명이 기억의 창고에서 살랑이며 고개를 치켜든다. 70년대 중반까지도 내가 살던 동네에는 한지를 수작업으로 만드는 '지소(紙所)'라는 공장이 있었다. 반쪽 드럼통을 흙화덕 위에 올려놓고 닥나무를 쪄냈다. 목욕시설이 없던 시골에서는 설이 가까워지면 삼삼오오 지소의 그 드럼통을 이용해 목욕을 했다. 주로 장정들이 많이 이용했다는 우리 마을 방언인 장쟁이를 이야기하다 얻게 된 별명이다. 그 별명이 듣기 싫어 불러 주는 친구들에게 팔월의 태양빛을 보내곤 했다. 지금도 동기생 모임에서 그리 부르고 웃는다.

문 닫는 시간이 임박해 온 모양이다. 욕심을 내다 맨 뒤에 나오게 된 나는 출구를 찾지 못해 역시 시골고라리임을 실감했다.

저녁은 가이세키(일본 전통 정식)로 했다. 기모노를 입고 소꿉장난감 같은 그릇에 담겨 나온 음식을 먹었다. 일본인들이 소식한다는 게 증명되는 듯하다. 우리는 저녁식사 후에도 이튿날 새벽에도 그곳 호텔온천에서 온천욕을 즐겼다. 산속과 굴속에 있다는 온천은 시간관계로 가지 못해 아쉬웠다.

일본 큐슈는 어디를 가나 몸에 좋다는 유황 온천물이 나와서 지역주민은 물론 일본 경제에 효자 역할을 한다고 한다. 풍부한 부존자원이 부러웠다. 내 얼굴을 거울에 비춰본다. 조금은 뽀야니 한 듯, 일본 두레박 온천에서 선녀가 되고 싶은 꿈도 꿨으니 이것이 아들 덕이 아니겠는가. 따라나서길 잘했다.

(2017. 12)

거짓말

신뢰는 보증수표다.

"할머니, 설명 들으세요."

안내데스크에서 뇌동맥류 시술에 관한 간호사의 총알같이 빠르고 서늘한 말씨다. 이해가 어려워 설명을 다시 부탁했다. 그 간호사는 흐릿한 눈빛을 날리며 부언했다. MRI, CT, 영어로 받아 적었다.

"어머, 할머니, 선생님 하셨어요?"

"으~응, 네~. "

"어느 학교요?" 순간, 으스대고 싶은 충동이 까슬바람으로 일렁였다. 자존심을 하늘에 매달고 싶어졌다. 코흘리개를 가르쳤지만 너 정도야 하는 생각에 이르자 초등학교에 근무했다고 하기 싫었다. 순간 나도 모르게 헛말이 튀어나왔다.

"고등학교요."

"어머~."

화들짝 놀라는 간호사는 금방 하르르 복사꽃웃음을 날리며 솜사탕 같은 말투로 변했다.

퇴직 동료들 모임에서 이야기하고 배꼽을 잡았다. 왜, 대학교수라 하지, 이왕 하는 거짓말…. 굼뜬 동료의 말에 또다시 배꼽을 움켜잡았다.

인간관계란 신의와 예절에서 이루어진다고 하겠다. 사람은 살아가면서 본의든 아니든 어쩔 수 없이 한두 번은 거짓말을 해본 경험을 가지고 있을 것이다. 서로 약속을 하고도 이해관계 주관에 따라 핑계를 대고 거짓말을 할 때도 있다. 거짓말은 또 거짓말을 낳게 되어 결국에는 습관화로 거짓말쟁이가 된다. 약속은 어려운 상황이 있더라도 지켜야만 신뢰가 쌓이고 올바른 사회가 형성될 것이다. 거짓말을 가장 많이 하는 사람은 아마도 정치인들이라 생각된다. 표를 의식해 하고 싶은 말만 하고, 듣고 싶은 말만 들으며, 그때그때 달리하는 처세술을 볼 수 있다.

사람은 어려움이나 흥분상태에서 어떻게 대처하느냐에 따라 그 사람의 교양 척도를 가늠할 수 있다. 지인 중에 자동차 접촉 사고를 낸 이가 있다. 상대방 차에는 성인이 된 삼부자가 타고 있었다. 신호 대기 중이었는데 부주의로 브레이크를 살짝 놓게 되어서 그냥 닿기만 한 것이고 아무런 흠집이 나지 않았다. 그런데 멀쩡한 범퍼는 교체되고 탑승자는 모두 입원을 해 많은 보상을 받았다.

우리 사회에 거짓말이 허용되는 직업은 두 종류가 있다 하겠다. 문학과 의사다.

문학은 비논리이면서 독자에게 감동을 준다. 사전에는 '사상이나 감정을 언어로 표현한 예술'이라고 되어 있다. 예로 '진달래가 붉은 빛깔로 입을 크게 벌리고 웃고 있다.'라는 말은 논리적으로는 있을 수 없는 말이다. 그러나 문학적으로는 통하는 말이다. 좋은 문학 작품은 시대를 초월하여 영원하고 깊은 감동을 주며 치유의 힘이 있다.

의사의 희망적인 거짓말도 마찬가지다. '치료 잘하면 나아질 것이다.'라는 의욕을 불러일으키는 따뜻한 말 한마디. 환자들은 의사의 그 말을 믿고 용기를 얻어 치료에 열과 성을 다할 것이다. 큰 병 아닌데도 부풀리거나 좌절을 일컫는 말은 해서는 안 될 것이다.

나는 건물에 들어설 때면 복도나 실내의 환경부터 살펴본다. 실내에는 그 경영자의 인격이 배어 있기 때문이다. 직원들도 무언중 경영자를 닮고 있음을 알 수 있다. 건물 복도에 있는 화초들이 싱싱하게 잘 자라고 있으면 그 대표자나 직원들이 역동적이고 신뢰할 수 있다 하겠다. 특히 의사는 누구보다도 생명의 소중함을 중시해야 하기 때문이다.

사람들은 하루 보통 네다섯 번의 거짓말을 한다고 한다. 영국의 조사결과 남자는 보통 하루 여섯 번, 여자는 세 번이라 한다. 물론 상대를 안심시키는 말들이란다. 거짓말 1위는 남녀 구분 없이 '잘못한 것 없어, 난 괜찮아.' 2위는 남자들, '딱 한 잔만 했어, 이제 술 담배 끊고 운동할게.' 3위는 남 여 공동으로 '전화 안 왔어, 배터리가 없네.' 이런 말들이 순위에 올라 있다고 한다.

부끄러운 이야기지만 내게도 잊힌 기억 저 뒤꼍에서 가끔 떠오르는 거짓말들이 내 속뜰을 붉히고 있다. 여고시절, 책상 위에 너절하게 펼쳐놓은 짝꿍의 수학 자습서를 슬쩍 집에 가져가 보고 내 책 속에 끼여 있었다고 능청을 떤 일은 지금까지도 내 가슴에 알알하게 걸려 있다.

내 아이들도 그들의 기억 창고 속에 접어 두었던 엄마의 거짓말들을 가끔 꺼내 펼쳐 보일 때가 있다. 내 망각의 체에 걸러서이지 여태껏 얼마나 많은 거짓말들을 했을까.

영국 사람들은 선의의 거짓말은 하얀 거짓말, 나쁜 거짓말은 까만 거짓말, 즐겁고 재미있는 거짓말은 무지갯빛 거짓말이라 한다. 우리는 나쁜 거짓말을 새빨간 거짓말이라고 한다. 공손하되 비굴하지 않고 담담하되 건조하지 않은 진심을 담아내는 말. 진솔하고 기분 좋은 말들로 방방하게 채워가고 싶은 내 마음이지만, 어그러질 때가 있다. 앞으로는 좀 더 신중하게 관점을 바꾸어 고민해 보련다.

간호사의 서늘한 말씨를 지혜로써 받아넘기지 못하고 이 나이에도 객기를 부리고 싶은 내가 내 속뜰에 숨어 있었나 보다. 왜 그랬을까. 굳이 변명한다면 젊은이들 마음속에는 '늙은이는 무엇이든 못할 것이다.'라는 선입견이 있을 거라고 믿고 있는 내 마음이 나를 심통쟁이로 만들어 나도 모르게 거짓말이 튀어나왔던 것 같다. 부끄럽다. 부끄러움이다. 언제쯤 내 삶의 진솔한 덕을 갖출 수 있을까.

(2016. 10)

방골집 박꽃

주다 주다
더는 줄 수 없어
영혼만 남긴
방골집 박꽃
내 어머니!

새댁은 모든 일을 숙명으로 받아들였다. 어느 시대 누구의 어머니인들 자식을 위해 희생하지 않은 어머니가 있으랴. 아버지의 말씀을 명심하고 주어진 일을 운명으로 받아들이는 방골집 새댁이었다. '여자는 한번 시집가면 그 집 문지방을 베고라도 죽어서 그 집 귀신이 되어야 한다.'고.

1917년 종갓집 7남매 맏딸로 태어난 열일곱 살 새댁은 일제 강점기

4대를 모셔야 하는 대가족의 두 살 아래 낭군님께로 꽃단장하고 들어섰다. 이튿날부터 꽃새댁은 삼태성 별 보고 일어나 시조부모님, 시부모님, 시누이, 시동생 등 대가족과 상머슴, 달머슴의 식사는 물론 소여물과 개밥까지 책임져야 하고 다시 별이 뜨면 뒤채 헛간 호롱불 아래서 결 고운 삼베는 물론 누에가 토해낸 비단을 짜야 했다.

벙어리 삼년, 장님 삼년, 귀머거리 삼년의 시집살이였다. 시할머니는 손자며느리 졸지 않고 밤새워 베틀에 앉혀 두려고 보물처럼 귀히 갈무리하던 여분의 콩씨까지 볶아 넣어주었다. 화덕에 불씨 꺼뜨리지 않고 지켜내는 것도, 엄동설한 볏짚잿물에 삶은 무명빨래도, 손등 얼어터지는 함지박빨래도 고지박에 뜨거운 물로 언 손 녹여가며 얼음 구멍에서 헹구어 냈다. 명올이 헤진 바지저고리 꿰매 다듬이질하는 것도 새며느리 몫이었다. 첫 새벽 소여물 끓이는 가마솥 앞에서 졸다 엎어져 행주치마 태우고 쪽진머리 그을려 살점이 떨어져 나가도 누가 볼세라 무명수건으로 감추고 다녔다. 시어머니는 아들을, 새댁은 딸을 낳아 고부간 애내기 같이하느라 시할머니로부터 기저귀 싸움한다며 차별 대우를 받기도 했다.

독수공방*에 유정 낭군 기다리듯* 살았다. 그렇게 얼마의 세월이 흘러 영림서에 근무하게 된 낭군을 따라 시내로 살림을 났다. 고단한 생활이 좀 편해지는가 싶었다. 그러나 그즈음 새 사랑에 눈을 뜨게 된 낭군은 소실댁과의 놀이에 빠졌다. 낭군에게 투명인간이 되어버린 새

* 속담: 홀로 빈방을 지키며 사랑하는 사람이 오기를 기다린다는 뜻

댁이었다. 손끝이 야무지고 바느질 솜씨가 좋은 새댁은 명월관 기생들이 입기만 하면 물 찬 제비로 되는 옷들을 만들고 그들이 쓰고 다니는 양산에도 비단실로 춤추는 공작새를 수놓아 목숨줄 이어갔다. 그러구러 시댁으로 다시 들어간 새댁은 소실댁이 시부모님께 인사를 올 때도 말없이 밥상을 내다 바쳤다.

온 집안 어른들이 참석하는 제사였다. 낭군이 고조부님 제사 차 며칠 집에 와 있는 사이 6·25 전쟁이 터졌다. 대한청년단 지부장 임무를 맡고 있던 낭군은 새댁네 식구들과 숟가락 한 닢만 허리춤에 넣고 허둥지둥 피난길에 올랐다. 전쟁의 포화 속 피난길에서 모진 목숨줄 놓지 못해 새댁은 치마폭에 동냥도 했다. 들판에서 품을 팔기도 했고 온 들판과 산자락을 날며 쑥과 송기를 거두어 연명했다. 그 쑥과 송기가 원인이 되어 열다섯 꽃봉오리 큰딸은 복막염으로 하늘마당 울타리를 넘었고 엎친 데 덮친다고 세 살배기 아들도 홍역으로 가슴에 묻었다.

피난지에서 둥지를 틀게 되었다. 전선에서는 총탄이 오갔지만 낭군과 함께 고향으로의 금의환향의 꿈을 안고 안동김씨 종가댁 광활한 논밭을 빌려 그 시절 보기 드문 원예 농사를 했다. 봄에는 수박, 참외, 오이를 가을에는 무 배추를 심어 트럭으로 실어내 팔았고 겉보리와 물물 교환도 했다. 또 그 씨앗들을 재배해 내다 팔기도 했다. 때문에 낭군은 '우장춘 박사'라는 별명이 붙었다. 십수 년이 지나 60년대 초 고향을 찾아서도 원예 농사는 계속되었고 연곡면 내에서 새댁네가 원조였다.

'치마 동냥해서라도 자식은 가르쳐야 한다.'는 신념으로 4남매 모두 공직생활 뒷바라지에 혼신을 바쳐 그들이 기반 잡고 살게 되었을 때 큰며느리 유방암 소식을 듣는다. 십여 년 넘게 근심 걱정 놓을 날 없더니 결국 며느리 앞세운 지 20일 만에 여든여섯, 복사꽃처럼 피어오르는 뭉게구름 위에 올라 서쪽으로 여행을 떠났다.

자존심 강하고 단아한 모습에 품위를 잃지 않았던 기품 있고 향기나는 새댁, 마을 사람들은 그를 현모양처의 표상이라 했다.

'내 집에 들어서는 이는 빈입으로 보내면 안 된다. 찬물 한 모금이라도 먹여서 보내야 한다.'

먹고사는 게 제일이었던 시절, 박꽃 같은 방골집 노 새댁의 말씀이 귓전을 맴도는 밤이다.

(2016. 12)

3부

열 개의 바퀴를 굴리는 사람

인구 주택 총 조사, 그 2010년

통장 일을 보는 지인으로부터 연락이 왔다.

인구, 주택 총 조사원으로 아르바이트를 해보라는 내용이다. 망설임 끝에 가족들 몰래 내 오두막과 친가가 있는 마을로 신청했다. 그곳은 벽지라 신청자가 없었다.

두 가지 이유에서다. 마실 다니는 심정으로 이웃 어르신들께 이 동네에 살러 왔다는 신고식 겸 말동무가 되어드리는 계기가 되리라 생각했다. 또 맑은 공기 속에 마을 풍광도 돌아보며 운동도 될 수 있고 게다가 수당까지 받을 수 있어 일거다득이 아닐까 싶었다.

처음 일을 시작하던 날, 산뜻한 기분으로 음료수 몇 박스를 승용차에 싣고 면사무소 상황실로 갔다. 내게는 세 구역의 조사구가 배정되어 있었다. 이동거리는 100리 남짓, 친가 동네인 삼산 1리와 2리, 율곡이 쉬어갔다는 퇴곡 1리와 2리다. 삼산 2리는 소금강국립공원이 자리한 관광지며 상가와 음식점 펜션이 밀집해 있고 또 골짜기로 들어가면 농·산촌마을들로 이루어져 있다.

신청할 때는 내가 사는 동네만 조사하는 줄 알았는데, 머뭇머뭇하다 못하겠다고 했다. 담당 공무원이 이장의 도움을 받으면 어렵지 않으니 도와달란다. 어리석게도 그 말을 철석같이 믿었다.

조사할 서류 일체를 받았는데 앞이 캄캄했다. 시청에서 두어 시간 사전교육을 받았지만 막막하기 그지없었다. 조사해야 할 유인물을 읽고 또 읽었다. 크게 세부분으로 밑줄까지 쳐가며 숙독했지만….

조사구 요도다. 항공 촬영했다고 내준 참고물이다. 0.2~0.5mm 크기의 네모상자 그림으로 찍혀 있는데 그 상자 속에 가구를 표시하는 번호를 써넣어야 한다. A3용지 10장이다.

스티커다. 가구마다 붙여주어야 할 스티커에는 조사구 번호, 거처 번호, 가구 번호를 써서 붙여주고 조사가 완료되면 다시 가서 완료 표시인 ○표를 스티커에 그려 넣어주어야 한다.

가구 명부다. 요도 번호, 스티커 번호, 인터넷 참여 번호,(인터넷 참여자만) 가구 명부 번호, 도로명과 주소가 일치되어야 하는 조사다.

시골이라 문패와 번지가 없는 집들이 대다수다. 도로명과 번지를 기입해야 하는데 명부와 번지가 일치하는지, 확인이 어렵다. 또한 인터넷 참여 가구가 30% 의무인데 대부분 가정에 컴퓨터가 없으니 면사무소에 가서 도움을 받으라고 권장해야 한다. 내 오두막이 있는 마을도 50%는 외지인들이 신축건물을 짓고 펜션사업을 하고 있다. 자동차가 못 들어가 2~3km 정도 걷기는 보통이다. 또한 6번 국도의 4차선 공사로 멸실, 이전, 신축, 펜션 가구들이 많아 더 어려웠다. 요도 번호를 찾아 현존 비현존, 상업 비상업, 비닐하우스 가구, 가축사육장, 창고 등 새로 생성된 '가구와 인구'를 조사하는 것이다.

특히 소금강 조사구는 관광 철 시즌에 조사기간과 겹쳐 주민들에게 타박을 받고 쫓겨나기 일쑤여서 몇 번씩 다시 갔다. 인적이 드문 농촌 지역은 주민들이 들일 나가고 없어 어려움이 많았다. 한 집을 7번이나 찾아간 적도 있다. 간혹 나 홀로 어르신들은 조사원을 조금이나마 더 머물게 해 말동무를 하려는 마음을 읽을 수 있었다.

어느 외딴집에 갔을 때다. 노부부가 텃밭 채마전에 검불을 태우다 산으로 올려 붙으려는 불을 사력을 다해 끄고 있었다. 참으로 위험하고 긴박한 순간이었다. 그날 저녁 그 불 때문에 화끈거리는 내 얼굴을 달래려고 얼음 거즈를 뒤집어썼고 입고 갔던 점퍼는 그을려 버린 일도 있었다. 찾아온 이를 그냥 보낼 수 없다며 말리던 대추 한줌을 주머니에 넣어주며 환하게 웃으시던 주름진 할머니를 뒤로하며 눈가를 적시기도 했다. 고생한다며 격려해 주는 말을 듣고는 가슴이 뜨거워지기도 했다. 한번은 노쇠한 할머니가 아들 이름밖에 몰라 저녁에 전화로 생년월일을 물어보다가 그 아들 호통소리에 겁까지 났었다.

"무슨 소리야. 열 번이고 스무 번이고 와서 적어가야지. 앉아서 수당 타 먹으려고 해."

이튿날 50리 길을 다시 찾아갔었다.

저녁에는 컴퓨터 앞에서 정리하느라 밤잠을 설친 날도 많았다. 중간중간 그만두고 싶은 충동에 시달렸다. 온통 머릿속에 쉽고 편히 마칠까 하는 생각뿐이었다. 무슨 요령이 없을까. 밤마다 머리가 깨질 것 같았다. 차차 나 자신도 어쩔 수 없는 속물이구나 하는 생각도 들었다. 도중에 알게 된 가족들의 책망도 이만저만이 아니었다.

한편 중간에 그만두면 누군가가 나와 똑같이, 아니 나보다 더 힘들거라는 생각으로 유종의 미를 거두자고 스스로에게 주문을 걸었다. 오기가 생겼다.

드디어 무사히 마쳤다. 20일 동안, 사람들의 삶 속에서 몸소 현장체험을 했다. 인간살이와 세월의 깊이를 알게 되었다. 여태 우물 속 개구리로 살아온 나 자신이었다. 삶이 이렇고 힘겹다고 생각하며 늘 불평 속에서 지냈다. 나보다 더 힘들게 살아가는 사람들이 많았다.

인구 주택 총 조사는 국가 기본 통계자료다. 다양한 국가 정책 수립의 기초자료가 됨에 적은 힘이나마 보탠 것이다. 이 보람, 친구 덕분이다.

(2010. 10)

쌍화탕 한 병

고등학교 다니던 때다.

겨울 방학 어느 날 이른 저녁을 마치고 마당에서 축구 골문을 정해 놓고 우리 4남매끼리 축구를 한 적이 있었다. 뜨락 댓돌 위에서 내려다보시던 아버지가 어머니께 속삭이는 소리가 들렸다.

"재들 넷 중 막내 운동신경이 제일 발달해 있네."

"자야는 운동신경이 없어 보이고…."

나는 속으로 중얼거렸다. '그래도 운동회 때 청백계주 뛴 몸이라고요.'

운동은 폼이다. 남편을 자연으로 보내고 시름에 겨워 세상사를 포기하려 할 즈음, 딸아이 손에 이끌려 실내 수영장을 찾게 되었다. 나는 몸치다. 그리고 물독이다. 내 몸에 수영복이라니…. 한사코 버티었지만 등 떠밀려 물속에 빠져버린 내겐, 잘하는 선배들이 하늘같아 보였다.

나는 도저히 안 될 거라는 단정부터 내렸다. 잘해야지 하는 생각보다는 놀다 가야지 하는 생각으로, 그런데 물위에 뜨기 시작했다. 내 자신이 신기했다. 맨 뒤에서 따라가기 바빴고 떨어지면 줄을 잡고 슬쩍슬쩍 가기도 했다. 기초반에서 발차기, 팔 돌리기, 팔 꺾기 등 차곡차곡 익혀 나갔다. 운동은 폼이라며 나이든 이가 폼이 미우면 보기 싫다고 좀 느려도 괜찮다고 먼저 배운 딸이 가끔 개인지도를 해 주었다. 속도는 젊은이들한테 떨어져도 폼은 제대로 익혔다.

젊은이들 숲에 끼어 겸연쩍었다. 쑥스러워 하는 어미를 위해 딸은 지인과 함께 다니라고 새벽 1시에 수영장 현관 앞에서 기다리다 새로 시작되는 표를 끊어준 일도 있었다.

수강회원이 되기란 하늘의 별 따기다. 강릉시가 운영하는 국민센터 실내수영장에서 회원으로 수업받기는 참 어려운 실정이다. 수용인원은 한정되어 있는데 희망자가 넘쳐난다. 일단 회원이 되면 십수 년이 넘도록 퇴영을 하지 않으므로 월말에 몇 자리 안 나는 표를 얻기 위해, 전날 밤 10시부터 수영장 현관문 앞에서 진을 치고, 다음날 아침 6시에 문이 열리기를 기다린다. 여름밤에는 간이모기장, 모기향, 접이식의자 등이 겨울에는 기름난로, 모포가 동원되어 밤을 지새우기도 한다.

반듯한 젊은이를 만났다. 또 다른 지인에게 대리 표를 끊어주기 위해 줄을 서서 기다리던 때는 9월 말이었다. 새벽 1시쯤 수영장에 도착하니 열두 번째였다. 앞에서 기다리던 젊은이들이 돗자리가 필요하다기에 차에서 꺼내 주었다. 비상용 양초 두 자루도 함께 내주었다.

모두 네 명, 친구들이란다. 그들도 무료한 시간을 보내기 위해 게임을 하고 장난을 치고 있었다. 그러더니 곧바로 치킨과 맥주를 사와서 즉석에서 파티가 열렸다. 같이 먹자는 권유다. 사양하며 그들이 하는 행동을 보는 것만으로도 즐거웠다. 젊은이들이 노는 모습이 신선했다.

또다시 한 젊은이가 일어났다. 맥주를 사오며 품속에서 뭔가를 꺼내 불쑥 내게 건네는 것이었다. 따스한 쌍화탕이었다. 가슴에 품고 왔단다. 순간 뭉클했다. 보기 드문 젊은이였다. 어떻게 이런 생각을. 따끈함이 불볕으로 쏟아지는 듯했다. 그 마음이 얼마나 아름다운지. '저런 젊은이가 있으니 나라의 앞날은 걱정이 없겠구나.' 하는 생각도 들었다. 여러 사람들 앞에서 소리치고 싶었다. '이런 젊은이가 있다우.' 두고두고 잊히지 않을 청춘이었다.

우리 라인은 유독 노년 또래가 많다. 내 노력 탓인지, 엇비슷한 이들이 모여 재미를 더해간다. 위 라인으로도 같이 올라간다. 이제 자유형, 배영, 평영, 접영 네 개 형을 다 배웠다. 평영이 제일 안 된다. 물차는 힘이 약한가 보다. 그래도 접영은 재미있다. 가끔 밥도 먹고 차도 마시며 회원들 집들도 오가며 한때를 즐기고 있다. 여덟 라인 중 여섯 번째까지 올라갔다. 자신이 생겼다.

퇴영하고 자유 수영을 택했다. 3년쯤 되면서 쉼 없이 천 미터는 거뜬히 한다. 젊은이들 눈치도 있고, 수강을 원하는 이들을 위해 양보하고 혼자 연습했다. 폼이 그림 같다는 소리를 듣는다. 이제 10여 년이 지나가고 있다.

인생의 종내(終乃)는 혼자다. 혼자 즐길 수 있는 취미를 한 가지라도 가져보라는 남편의 평소 주문대로 이제 내 노년에 취미가 두 가지 생겼다. 한 가지는 수영이고 또 한 가지는 글쓰기다.

두 가지 모두 평소 생각하지 못했던 일들이 말년에 혼자 즐길 수 있는 취미가 되었다. 체력이 닿는 데까지는 두 가지 취미를 병행하며 이어가려고 한다.

내가 이렇게 수영을 사랑하게 될 줄이야. 딸의 덕분이다. 가슴에 품고 온 따스한 쌍화탕도 마시고.

(2014. 6)

청양(靑未)의 기도

찌익- 콰당탕 -

수영장 입구다. 승용차 우회전 신호를 넣자 들리는 굉음이다. 정차를 하고 급히 내렸다. 자동차 우측 뒤쪽에 2,500CC 오토바이 한 대가 나뒹굴어져 있다. 하늘은 온통 노란빛이다. 머릿속에 수많은 별들이 총총 지나간다.

"X팔~"

60대 중년쯤 되어 보이는 남자가 엉거주춤 욕설을 퍼부어댄다. 오토바이 운전자다. 자동차 우측 옆에 바짝 붙어 달리고 있었던 모양이다.

"아저씨, 우회전 신호 넣었잖아요, 못 보셨어요?"

"X~팔, 나는 우회전 안 하는 줄 알았지. 빨리 가려고."

"아저씨, 추월하려면 왼쪽으로 가셔야지요, 더구나 여기는 추월선도 없잖아요."

추월이라는 용어를 썼다며 트집을 잡는다. 바짓가랑이를 걷어올리고 흑돼지 털 같은 털북숭이 무릎을 보이며 천둥벼락 치듯 계속 욕설이다.

나는 수영장 마당 주차장에 다시 주차시켰다. 그 사람은 주차 중인 내게로 쫓아와서 차번호를 폰으로 찍었다. 신고한다며 쓰러진 자기 오토바이 옆에 널브러져 앉아 돼지 멱따는 소리를 질러댄다. 나는 다시 그 사람 앞으로 다가가서 말했다.

"어떠세요? 많이 다쳤어요? 미안해요."

"뭣이? 말로만…."

수영장 로비에 있던 사람들이 우르르 몰려나온다. 창피하고 자존심이 상한다. 잘잘못은 고하하고 소리 지르는 언쟁 자체가 견딜 수 없다. 언뜻 생각해도 내 잘못은 아니겠다 싶어 그냥 수영장 안으로 들어갔다. 머릿속에는 오만 가지 생각이 스치고 지나간다.

'그 사람 행동으로 보아 그냥 지나가지 않을 것 같은데. 만약…, 내 잘못은, 우회전 신호를 너무 늦게 넣은 건 아닌지. 보상하게 되면 얼마나 될까.'

아니나 다를까 나를 찾는 수영장 직원의 안내 멘트가 흘러나왔다. 예상대로 경찰차와 함께 두 명의 경찰관이 와 있다. 오토바이는 그대로 오뉴월 개 팔자가 되어 벌러덩 땅바닥에 드러누워 있고 그 사람은 목이 터져라 고래고래 소리친다.

경찰 한 명이 연락처와 신분증을 요구해 건네주면서 '내가 뭘 잘못했냐.'고 귓속말로 물었다. 그 경찰은 고개를 저었다. 그 사람은 나팔수가 되어 계속 떠들었다. 다시 그 사람에게로 다가갔다.

"아저씨, 내가 어떻게 하면 되겠어요?"

그 사람은 대답이 없다. 치료비를 요구하고 싶었는데 경찰과 구경꾼들의 시선을 의식하여 말을 못하는 것 같다. 경찰이 내게 수영장으로 가라며 손짓했다. 그래도 그 사람이 안쓰러워 조금은 도와주려 하다가 독한 마음으로 꾹 참고 수영장으로 들어갔다.

로비에서 내다보니 경찰차가 가고 없다. 그 사람도 엎어진 오토바이를 일으켜 세운다. 잠시 후 오토바이를 타고 눈썹을 휘날리며 달려가고 있다. 집에 돌아와서야 그 사람에게 해주었어야 하는, 정확한 대답이 떠올랐다.

"당신이 차간 거리를 지키지 않고 따라오다 엎어졌는데, 내가 어쩌라고요." 왜 그렇게 살쾡이처럼 대들지 못하고 사시나무가 되었을까. 남편에게 대들 때는 머리가 팽이처럼 팽팽 잘도 돌아간다는 말을 들었는데. 아둔한 내 머리, 답답하고 분하고 억울했다.

그러나 다시 생각해보았다. 그 사람이 오토바이와 함께 엎드려뻗쳐 준 것이 얼마나 고마운 일인지 모르겠다. 내쳐 내달렸다면 자동차와 한판 업어치기나 배치기를 했을지도 모를 일이다. 승부는 불분명 했을 것이고 판정은 선뜻 나오기 어려웠을 것이다. 약간의 용돈을 쥐어줬음도 좋았을 걸 하는 애잔한 마음까지 든다. 나도 모르게 두 손이 모아지며 관세음보살을 부르고 있었다.

올해는 청양의 해, 그 사람에게도 성자(聖者) 같은 마음의 평화가 몽글몽글 피어오르길….

(2015. 3)

열 개의 바퀴를 굴리는 사람

오래된 차고는 무용지물이었다.

최근에 그 차고가 아주 긴요하게 쓰인다. 빈터만 지키던 차고는 열 개의 바퀴를 안고 싱글벙글한다.

새 가족이 둥지를 틀었다.

30년 전 토지공사에서 단독주택단지를 조성했다. 그때 골목을 왕복 2차로 정도 내주었다. 가족 수만큼 자동차를 보유하게 된 집들이 그 골목 양옆으로 빼곡히 주차하고 있는 실정이다. 우리도 대문 안에 넣기 힘들어 담장 옆에 주차한다.

골목 도로와 경계를 이루는 우리집 대문을 들어서면 바로 노천차고다. 바윗돌과 꽃, 나무들로 둥그스름하고 비스듬한 언덕으로, 사람 키

정도 높이의 마당이 올려다보인다. 그 차고를 가로질러 자연석으로 된 계단을 밟고 마당으로 올라 아래층은 현관으로 이층은 계단으로 오른다.

그 집은 승용차가 없다. 가족은 다섯 명, 부부와 20대 초중반의 아들만 셋이다. 모두 자전거를 이용해 볼일을 본다. 저녁이면 자전거 다섯 대가 일상을 마치고 차고에서 횡대로 엎드려 숨을 고른다.

이층 아버지는 건설회사 일용직원으로 거푸집 짜는 목수다. 아버지 자전거는 노후 된 검은색 자전거다. 그가 마당 구석에 잔디를 걷어내고 만든 조그만 상추 밭에서는 색색의 상추가 줄을 맞춰 꽃처럼 자란다. 좀 떨어진 농촌에 조상으로부터 물려받은 작은 밭에도 자전거로 다닌다. 그 마을 '녹색혁명 자립마을' 회원으로도 참가한다. 풀 베는 날에는 첫째 아들의 짐 자전거를 타고 가 운반을 돕는다. 마을 대청소날이나 자연보호 날에도 빠지지 않고 자전거로 간다.

이층 엄마는 식당에서 허드렛일을 한다. 예쁘고 아담한 빨간색 자전거에 바구니가 달려있다. 선한 눈매가 인상적이다. 이사 오던 날, 전에 살던 집 할머니가 잘 살라며 팥죽 한 솥을 쑤어 주었다며 한 그릇 가져오기도 했다.

첫째는 자전거 매장에 나가며 자전거를 고치는 기술자다. 그의 자전거는 튼튼한 파란색 짐 자전거다. 뒤쪽에 널찍한 철망도 덧붙여 최대한 짐을 많이 싣도록 되어있다. 고물 자전거를 싣고 와 차고에서 마냥 펼쳐놓고 시간 가는 줄 모르고 반들반들 새 자전거로 바꾸어 놓는다. 일에 몰두하는 청년이 마음씨 좋은 나한상 모습이다. 늘 기름투성이

얼굴로 저렇게 열심히 일을 해서 얼마나 버는지 궁금하기도 하다

"영주야, 그렇게 고쳐주면 얼마 받니?"

"안 받아요. 그냥 고쳐줘요."

"왜?"

"재미있어서 하는 일인데요. 뭐."

그 대신 손님들이 많이 찾아온다고 했다.

못쓰게 된 것들에서 재활용할 것도 나온다 한다. 장갑도 끼지 않아 새까만 손으로 하얀 이를 드러내며 웃는 그의 얼굴이 유난히 평화로워 보인다. 기특하고 대견하다. 가끔 마당에서 내려다보며 열심히 일하는 첫째에게 말을 건다.

"영주 전용 일터네, 열심이구나."

"그러게요. 전에 할머니는 집 어지럽힌다고 잔소리도 많이 했는데요."

"얘, 그러지 말고 대문에 써 붙여라. 「자전거 고쳐드립니다」"라고.

"그래도 될까요?"

그의 얼굴이 환해진다.

"되고말고. 그래서 넌 사장하고 동생들 가르쳐 가게 차려라. 「열 개의 바퀴를 굴리는 자전거 센터」 어떠냐? 좀 긴가. 세는 안 받을게."

그렇게 한다면 도와주고 싶다.

첫째는 얼핏 좀 어눌한 듯 보인다. 왜소한 외모에 사팔뜨기다. 말도 더듬거린다. 중학교 졸업이 전부다. 그러나 못하는 일 없고 세상사 돌아가는 이치를 잘도 안다. 우리집 어려운 일에 제일 먼저 나선다. 나는

그에게 '만사형통'이란 별명을 붙여 주었다.

이사할 때도 잡다한 짐들을 가득 실은 손수레를 자전거 뒤에 매달고 서너 번씩 날랐다.

"왜, 차가 올 때 모두 싣고 오지 힘들게 끌고 오냐?"

"큰 것만 싣고 안 실어줬어요. 많다고. 이렇게 끌고 오면 되는데요."

둘째는 어머니가 다니는 식당에서 서빙 일을 한다. 고등학교 2학년 때 사춘기를 맞으며 우울 증세를 보여 중퇴하고 지금껏 약을 먹고 있다. 엄마와 같은 직장에 다닌다. 빙긋이 웃는 얼굴에 말이 없다.

셋째는 자원 센터에 나가 폐품 수거 분리 작업을 한다. 새벽 5시면 쿵쾅거리며 발소리가 들린다. 회사 차를 타고 격일제로 시내·외를 돌며 수거한다. 제일 힘든 것은 쓰지 못할 쓰레기를 재활용봉투에 끼워 넣는 양심이란다. 격분이 치밀어 오른다고 한다. 말을 더듬는 버릇이 있다.

"우리 엄마는 음식물 묻은 비닐봉투나 빈 우유통도 모두 헹구어 버리는데 말이에요."

그 말은 나를 돌아보게 한다.

다행히 우리집 음식쓰레기는 마당 나무 밑 멀찌감치 묻으니 조금은 위안이 된다. 꽤 쓸 만한 폐품이 나오는 날은 기분이 좋다고 한다. 들어올 때 보면 얼굴도 새까맣고 냄새가 난다. 한창 응석부릴 나인데 대견하다. 둘째, 셋째는 기아가 달린 고급 자전거를 굴린다.

지난해 이층 사람들이 베트남으로 가족여행을 갔다 왔다. 현지에서 자전거를 대여해 저렴한 경비로 다녀왔다 한다. 날씨가 더워 힘들었지만 세세한 것들도 볼 수 있어 재미있고 유익했다고 자랑한다. 손짓 발짓으로 표현하다 보니 다 통하더라고 웃는다. 다음엔 가족이 자전거 전국 일주를 해 보고 싶단다. 그 소원 꼭 이루어지기를 응원한다.

나는 이층 형제들이 한 번도 싸우거나 큰소리치는 걸 들은 적이 없다. 그들은 마음이 순수하고 맑고 천진스럽다. 욕심 부리지 않고 열심히 각자의 힘으로 살아간다. 몇 건 소개도 해줬다.

어느 날은 만두를 하면서 자전거를 수리하고 있는 첫째를 불렀다. 그런데 하나만 먹고 입맛만 다신다. 동생들 갖다 주고 싶단다. 서로 돕고 의지하는 가족의 모습이 백만장자, 고관대작에 부럽지 않다. 가진 범위 내에서 만족하며 끈끈한 가족애가 부럽기까지 하다. 행복지수가 높은 가족들이다.

사람은 누구나 봄을 꿈꾸며 일생동안 살아간다. 이층 가족들은 어떤 꿈을 꾸고 있을까.

지인 중에 오두막에서 전원생활을 하는 이가 있다. 몸 쓰는 막노동이 좋다며 철저한 환경지킴이다. 흙 부엌에 아궁이를 고집한다. 집 밖에 나가면 땔감이 지천이라며 조금만 노력하면 된단다. 그분도 자전거를 이용해 생활한다. 큰길에 나가면 시내버스가 시간마다 있어 불편함을 못 느낀다 한다.

이층 사람들이 꼭 그런 사람들이다. 차를 구입할 형편이 안 되는 것도 아니다. 굳이 차를 필요로 느끼지 않는다 한다. 멀리 일 나갈 때는 회사 차가 온다. 자동차는 보험 들고, 세금 내고, 사고 나면 큰돈 들이고 오히려 걱정스럽단다.

가끔 다섯 명이 함께 자전거 전용도로를 달린다. 가족행사다. 야외 나들이도 자전거로 한다. 열 개의 바퀴에서 신선한 바람이 분다. 앞서거니 뒤서거니 굴러가는 모습은 과히 자전거 경기를 보는 듯하다. 목욕 갈 때도 프로펠러처럼 열 개의 바퀴가 힘차게 돌아간다.

그들은 식구가 모두 일하기 때문에 복지 혜택도 받지 못한다. 자신의 힘으로 살아가는 걸 자랑스럽게 생각한다. 분수에 맞춰 생활할 줄 안다. 자전거를 타며 건강을 지키니 병원갈 일도 드물다. 그들만 같으면 환경오염도 복지정책도 머지않아 바닥난다는 건강 보험료도 걱정 없을 것 같다.

봄을 향해 열 개의 바퀴를 굴리는 이층 사람들, 아름답고 장하다.

그 춥고 바람 불던 날, 그리고

살고 있는 전셋집이 팔렸다.

새 집주인은 두 모녀뿐이다. 그 어머니는 난전에서 과일 장사를 하고 딸은 목재회사에 다닌다. 방 세 칸 중 한 칸만 주인이 쓰고 나머지 두 칸은 맏동서네와 우리가 쓰기로 했다.

헛아궁이에 연탄불만 피우던 나지막한 뜰을 부뚜막으로 삼고 추녀와 담벼락을 이어 덮어 부엌이라 이름 붙였다. 밥할 때는 앉아서 했다. 담장과 방 벽 사이 좁은 골목으로 돌아서 방으로 다녔다. 긴급 시에는 창문으로 넘어서 다닐 때도 있었다. 그렇게 시댁에서의 생활이 이어졌다.

그 집에서 둘째가 태어났다. 1978년, 아이들을 어머님께 맡기고 여름방학 내내 1급 정교사 자격강습을 이수하느라 춘천에서 친구와 달방을 얻어 자취를 했다. 그때 남편은 화천에서 근무하고 있었다. 토요일, 공휴일에는 화천에서 시간을 보냈다.

9월 초, 친가의 어머니가 초췌해진 모습으로 시댁에 오셨다. 직접 오가야만 소식을 알 수 있던 때다. 아버지가 병석에 계신 지 꽤 되었는데 병원에 가자고 아무리 졸라도 가지 않겠다고 하니 딸인 내가 권하면 응할까 싶어 어머님께 허락을 받고 나를 데려가려고 오신 것이다. 어머님은 아무 말씀 없이 손녀를 업고 밖으로 나가서 들어오지 않았다. 아버지를 혼자 두고 오신 어머니는 애간장이 탔을 것이다. 한참 뒤 그냥 나가시는 어머니의 뒤를 따라나섰다. 시댁과 친가로 오가는 100리 길, 시간이 얼마나 흘렀는지 모른다. 아버지를 우격다짐으로 타고 갔던 택시에 태워서 강릉 한일병원에 입원시켰다. 일주일이 지났으나 아무런 차도가 없었다. 병명도 가르쳐주지 않았다.

큰동생이 이웃 병원으로 옮겼다. 며칠 뒤 퇴근길에 들르니 지난밤 몹시 아파 힘들어 하셨다 했다. 퀭하니 기운 없는 모습이다. 갈비탕을 사다 드리니 맛있게 잡수셨다. 그러나 그날 밤 그 음식으로 많이 힘들었다고 했다.

그 병원에서도 서울 큰 병원으로 가라고 했다. 추석이라 맏동서가 아버지께 병문안하겠다고 했더니 어머님이 사돈 문병 가면 어머님 자신이 아프게 될 거라는 속설이 있다며 못 가게 했다. 추석이 지나고 출근길에 병원에 들르니 동생이 아버지를 서울로 모신다고 했다. 나도 학교에 연락하고 따라나섰다.

중추절 남편이 집에 왔을 때 아버지를 서울로 모셔야 할 것 같으니 같이 가자고 했으나 그냥 다녀오란다. 어머니는 농사일 때문에 나와 큰동생 내외만 동행했다. 고통을 덜어드리려고 진통제를 세게 맞은 게 원인인 듯 아버지의 의식은 몽롱하고 말씀도 어둔했다. 마침 택시 기사가 경희대 한방병원을 권했다. 병원에 도착하니 아버지는 알아들을 수 없는 무슨 말인가를 자꾸 하려고 하셨다. 나는 힘드니 다음에 하시라 했다. 그게 의식이 있었던 아버지와의 마지막이었다. 병상이 없어 병원 복도에 눕혀놓고 내려왔다.

며칠 후 수술을 받는다고 연락이 왔다. 막 출발하려는데 아버지의 혈압이 오르고 혼수상태가 되어서 수술을 못 받게 되었다고. 나와 어머니, 막냇동생이 병원으로 향했다. 작은동생은 성남에 첫 발령받은 지 10여 일쯤 되어서다.

병원 측에서 퇴원을 요구했다. 병명은 위궤양이라 했다. 아버지를 택시 뒷좌석에 가로 눕히고 아버지의 머리는 큰동생의 무릎 위에, 다리는 내 무릎 위에 올려놓고 여섯 시간이 걸려 집으로 돌아왔다. 도중에 무의식 상태의 아버지가 투약했던 약물 때문에 쉼 없이 쏟아내는 소변이 내 무릎을 흠뻑 적셨다. 강릉에 도착했을 때, "청심환이나 한 알 먹여보자."는 어머니 말씀에 약국에 들렀다가 친가로 달렸다. 마을 앞에서 큰동생이 아버지를 업고 언덕길로 올라가는 걸 보고 나는 그 택시로 되돌아 왔다.

시댁에 돌아와

"왜 이리 늦었냐."

는 어머님의 지청구를 듣고 있는데 아버지의 임종소식이 전해졌다. 혼수상태이기는 했어도 미소 띤 온화한 얼굴이 곧 깨어나 괜찮다며 웃으실 것 같았는데.

아버지를 방에 눕히자 곧바로 숨을 모으셨단다. 버스로 뒤따라 늦었던 동생들이 헐레벌떡 뛰어들어 하늘마당 울타리를 넘어가는 아버지를 겨우 배웅했단다.

이튿날 아침 집을 나서는 나를 어머님이 불러 세웠다.

"애, 아범한테는 연락하지 마라. 이왕 당한 일, 아범 몸도 약한데 장사 집에 가면 병난다."

전에도 그랬다. 남편은 친정의 가족 행사에 늘 빠졌다.

남편은 친정 행사에 참석하지 않아도 된다고 생각하는 어머님이셨다. 나도 남편이 오면 번거롭다 생각했다. 어머니가 부탁한 수의(壽衣)감으로 옥양목 한 필 떠서 버스를 탔다. 집안 어른들과 동네 분들이 모여 있었다. 어머니께 살짝 남편이 못 온다는 이야기를 했다.

"오냐, 아무렴 안 와도 괜찮다. 너만 편하면 된다."

절박한 심정이었다. 장례 치를 경비를 마련하기 위해 어머니와 같이 집주인이 장사하는 난전으로 갔다. 오만 원을 빌렸다. 대충 장을 보고 아버지가 평소 원했던 꽃상여를 트럭에 실었다. 그 꽃상여 옆에 나도 같이 누웠다. 오직 빨리 돌아가야겠다는 생각밖에는 없었다. 어머니는 운전석 옆에 앉았다. 장례는 오일장으로 치렀다. 그런데 입젯날 아침 삼촌이 나 몰래 동생에게 일렀단다.

"여자들 말만 듣지 말고 매형한테 전화해라. 오든 안 오든."

소식 듣고 부랴부랴 밤늦게 도착한 남편. 나중에 들은 이야기다. 남편이 어머님께 말했단다.

'맏사위가 장인 장례에 안 가면 다음에 그 집 식구들을 어떻게 보라고 하느냐.'고.

남편은 평소 어머님 말에 거역하거나 이유를 다는 걸 본 적이 없다. 묵언수행자로 그저 효자일 뿐이다. 장례를 치르고 운동회 연습 때문에 이튿날부터 출근했다. 아버지의 삼우제도 보지 못한 딸이 되었다.

때로 일그러지려는 내 속뜰에 일렁이는 검정 물을 씻어내려고 몸부림쳤다.

한편 어머님이 아들을 사랑하듯 당신의 사랑을 하늘만큼 땅만큼 그리고 꽃처럼 내 아이들에게 수혈해 주셨다. 누구도 따를 수 없는 가시고기 같은 자손 사랑이었다.

그를 보며 내 스스로 자신에게 다그쳤다. 타 들어가는 내 속뜰 보다 내 아이들 가슴에 심어지는 사랑의 씨앗이 더 크게 싹틀 것이라고. 인내로 속뜰을 다스렸다.

그 어머님 덕으로 나는 육아 걱정 않고 직장에 충실할 수 있었다. 또 형님네 식구와 한집에서 살았기에 가사노동에도 조금은 자유로울 수 있었다. 조카들도 우리 아이들도 잘 자라주었다.

돌이켜 생각해 보면 나 스스로 마음의 빗장을 지르고 방방거린 게 아니었나 싶다. 좀 더 역지사지(易地思之)가 필요하지 않았을까.

그 춥고 바람 불던 날들에 길눈 어두워 목이 길던 고라리, 움트는 새봄을 맞고 방긋거린다. (2016. 3)

어머니의 씨앗

우리 부모님은 일찍이 배추장다리와 무장다리를 재배하셨다.

배추장다리나 무장다리는 장대처럼 길게 빠져나온 새순 끝에서 꽃이 피고 씨앗을 맺는다. 그래서 장다리라는 별명이 붙었나. 요즘 각 지자체에서는 배추장다리의 자매격인 유채 꽃밭을 조성하여 관광객들을 불러들이고 있다.

오래전 어머니는 무·배추 씨앗을 받기 위해 정성을 쏟았다. 가을에 파종해 올라온 어린잎들을 서리가 내릴 무렵, 짚으로 덮어주어 겨우내 보온시켜 주면 이듬해 봄, 일찍 돋은 새싹이 튼실한 꽃을 피워 씨를 맺는다.

씨앗은 한여름에 수확한다. 장다리는 보리타작처럼 도리깨로 한다. 배추장다리는 꼬투리가 얇아 씨가 잘 빠지나 무장다리는 꼬투리 속에 스펀지 같은 푹신한 막이 있고 그 속에 씨가 자리 잡고 있다. 그늘지거나 조금이라도 습기가 있으면 금방 눅눅해진 섶이 씨앗을 모체의 자궁 밖으로 내보내 주지 않는다. 그래서 8월의 태양이 정수리로 곤두박질칠 때쯤 타작한다. 머리에 질끈 수건을 동이고 땀을 뻘뻘 흘리며 도리깨질하던 부모님 모습이 유채꽃 속으로 흩날린다. 도리깨로 내려칠 때마다 뽀얀 까끄라기들이 내 목을 감고 야금거려 승강이질하던 기억도 날아든다. 타작이 끝나면 키질과 판매는 어머니 몫이다. 까불고 다듬어 김장 파종시기에 맞추어 가가호호 방문 판매에 나선다.

어머니의 기억력은 과히 신비에 가깝다. 시장이 먼 시골에서는 씨앗 구입이 어려웠던 터라 해마다 어머니를 꼬박꼬박 기다리곤 했다. 동네마다 외상으로 풀어 놓고 저녁이면 나에게 장부 정리를 시켰다. 거쳐 지나온 택호와 금액이 어머니 머릿속에서 술술 빠져나온다. 마치 요즘 컴퓨터에 입력해 놓았던 것처럼. 가끔은 "내가 너희만큼 배웠으면…." 하시며 한숨도 쉬신다. 여름 끝자락에서 외상으로 깔아놓았던 채종씨앗대금은 가을걷이가 끝나는 초겨울에야 수금에 들어간다. 대개는 곡물인데 옥수수가 주종을 이룬다. 거두어들인 곡물들을 이고 지고 전체 짐으로 작고개, 진고개, 전우재를 넘나들며 거둬들인다. 아홉 살짜리 동생이 고개 마루까지 마중 나가나 어머니의 짐 무게에는 별로 보탬이 되지 못했었다. 그때 큰 자식들은 시내에서 학교를 다녔다.

요즘은 씨앗들을 전문종자 혹은 전문종묘장에서 배양해 보급한다.

농가에서는 씨앗이 아니라 대부분 모종을 사서 심는다. 5~60년대 우리 부모님은 색다른 원예농업을 개발하셨다. 어머니의 유별난 장다리 씨앗 사랑으로 우리 4남매는 공부하고 꿈을 키워갔다.

(2017. 12)

순수한 꽃시절의 해후

5월 중순쯤이다. 전화벨이 요란스레 울린다.

남편이 위절제술을 받고 항암투약으로 민감해져 냉장고도 밖에 내놓고 생활하던 때다.

"여기는요, 안동카고 길안 묵계라카는데요, 혹시 묵계초등학교 안댕겼는교?"

"네에, 9회 졸업생입니다."

"아~ 나 영칠인데, 니 선자 맞나?"

"으~응. 네 마~맞아요~오. 아~ 어떻게 내 연락처를?"

"그칸데 우리 아들이 '길안닷컴'인가 뭐에서 네 글을 봤다케 갖고 전화하는 기다."

몇 년 전 가족 여행으로 안동을 다녀오면서 '길안닷컴' 홈페이지에 '46년 만에 어머니의 고향을 찾아 초등학교 동기생들 연락을 기다립니다.'라는 긴 글을 연락처와 함께 아들이 올렸는데 소식이 없어 까맣게 잊은 채 5년이 흘렀다.

동창회 조직하려고 친구들 연락처를 찾고 있는 중이란다. 나는 몇 명과 통화를 나누었으나 50여 년 지난 전화기 너머로 들려오는 목소리로는 도저히 가늠이 되지 않고 흥분만 더해갔다.

그 후 여러 명의 동기생들에게서 전화가 왔으나 이름과 얼굴이 연결되지 않아 그저 '으~응 맞아, 그래 고맙다.'로 맞장구치기를 1년이 흘렀다. 더구나 남자들 목소리와 주인공 얼굴들이 두어 명 외에는 영 어둡다.

그 1년 후다. 2009년 6월 5일 병마에서 회복된 남편과 온 가족이 터미널까지 나와서 환송해 주었다. 꿈에도 그리던 묵계 초등학교 동창 모임에 참석하게 되었다. 친구들이 터미널에 마중 나와 있었다. 그러나 영 낯설었다. 각자의 이름을 듣고서야 어릴 때, 얼굴을 떠올리며 마음이 활짝 열렸다. 목적지에 도착하니 모두들 '이산가족상봉' 그 자체였다. 얼싸안고 흔들어댔다.

많이 변해 있었다. 모두 젊어 보여 주름진 내 얼굴에 자조감을 느꼈다. 코흘리개들이 비로소 60대에 만났으니. 만남의 시간이 흐를수록 유년의 모습과 행동이 그대로 잔잔하게 전해왔다. 친구네 과수원 마당에 솥을 걸고 묵계천에서 잡아 올린 물고기로 추어탕을 끓이고 개인택시를 운영하는 친구의 차에 스피커 볼륨을 높이고, 노래 부르고 보릿대춤도 추었다. 과수원 돌담방에서 모기에게 뜯기고 더웠어도 또 한편의 추억을 만들었다. 추어탕을 많이 먹는 친구에게 작년에도 고기를 혼자 다 먹더니 올해도 많이 먹는다고 핀잔을 주어도, 그 옛날의 육두문자를 써도, 그저 '헤헤'거렸다. 함박꽃이 핀 얼굴들을 보며 역시 어릴 때 친구들은 허물이 없고 순수한 마음 한 자락이 그대로 남아있음을 느꼈다.

나는 선 머슴애였다. 3학년 때다. 담임 선생님이 결근한 틈을 타 나는 회장이랍시고 학습부장을 시켜 덩치 커다란 남학생들에게 숙제를 안 해왔다는 이유를 걸어, 서원 뒤뜰에 엎드려뻗쳐 놓고 엉덩이를 두들겨 패주라 할 만큼 대장노릇을 했다. 그때 엉덩이를 내놓고 맞아주던 친구에게 사과를 하려했지만 이미 세상을 버린 친구들이다. 특히 을지문덕이라는 별명의 을진이에게 이 글을 빌어 사과하며 고인의 명복을 빈다. 하지만 고학년이 되면서 나는 조신해지고 남녀가 유별해 서로 내외하며 지냈다. 졸업 사진의 얼굴은 모두 29명, 그 중 12명의 여자 친구들, 모두 치마저고리 차림이다.

돌아올 때 터미널까지 배웅 나온 친구가 차표를 끊어 주어서 마음이 짠했지만 고마웠다. 그는 안동인다운 선비정신의 DNA가 서려 있음이 엿 보였다.

동기동창 모임이 친구 집 과수원에서, 대구 팔공산에서, 모교의 강가 원두막에서 있었다. 올해는 강릉에서 하잔다. 아무튼 올 6월, 1박 2일 동안 어떻게 강릉을 보여주고 어떻게 강릉 전통음식을 맛보여 줄까 고민 중이다. 아들이 많이 협조해 준다고 한다.

횟수가 거듭되는 초등학교 동창들의 해후는 순수한 꽃 시절의 질박함이다.

(2014. 5)

배춧잎 밟는 함진아비

온 동네가 쩌렁쩌렁 울린다.

"함 사세요. 함이요."

눈코만 빠끔이 뚫린 오징어 탈을 얼굴에 뒤집어쓴 함진아비가 거만하게 뒷짐을 지고 서 있다. 따라온 수하들도 청사초롱 불 밝힌 채 덩달아 으스대고 있다. 신부 언니가 함을 놓칠세라 버선발로 뛰어나온다. 함 값이 만만치 않다. 싼 값에 사려고 신부 오빠도 나오고 주안상도 나온다. 꼬맹이 조카의 노래도 아지매의 구수한 입담도 늘어놓지만 영 통하지 않는다.

디딤돌을 놓으란다. 하얀 디딤돌이 죽 놓여진다. 구경꾼들이 훙정을 붙인다. 함진아비 못 이기는 척 흰 디딤돌 몇 장을 밟아본다. 디딤돌이 얇아 물에 빠졌다며 배상비 더 붙여 부르는 함진아비다. "배춧잎을 깔아라." 수하들도 따라 복창한다. "팔려온 녀석들이 왜 이렇게 고자세야." 신부 작은오빠의 말이다. "아유, 저 함은 이 세상에 하나뿐인 명품이니 그러지." 이웃집 아줌마의 너스레다. 함꾼들은 재차 배춧잎을 재촉하며 으름장을 놓는다. 신부 큰오빠가 "그래 쉽지, 좋다." 곧바로 옆 밭에서 배추 한 통을 뽑아서 금세 파란 배춧잎들이 쫙 깔린다. 약이 바짝 오른 함진아비와 그 수하들 방방거리는 사이, 신부의 오빠들과 동네 장정들이 놀랜 절에 낚아채듯 붙들어 들인다. 구경꾼들 모두 박수갈채다. 동네잔치다. 여동생의 함 들어오는 날의 풍경이다.

방 한 칸씩에 따라 붙은 공동 부엌이 길게 늘어서 있다. 큰 신작로, 그 길가에 일자로 된 울도 담도 없는 70년대 초 이모님이 세 들어 살던 집이다. 고단한 삶을 사는 이들의 보금자리다. 그 빈집에 문이 활짝 열려 있고 주인이 없다. 이모님은 아마 가까운 시장에 가셨나 보다.

주인 없는 빈방 구석, 서랍장 위엔 이불이 주인의 솜씨만큼이나 정갈하게 가지런히 개켜져 있다. 그 이불 위에 다우다(태피터)보자기에 싸여진 조그만 손 보따리 하나가 주인을 기다리고 있다. 며칠 뒤 치러질 결혼 예물 보따리다. 신랑 동생이 가져왔다가 주인이 없으니 그냥 이불 위에 던져놓고 간 모양이다. 신부가 들어와 보자기를 풀어 본다.

반지, 목걸이, 시계다. 양옷 한 벌 해 주기를 기다렸지만 예산에서 삭감되었다는 신랑의 말에 빨강치마 파랑저고리 혼수로 만족해야 했다. 결혼해서 보니 정말 여력이 없었으리라 생각되었다. 여동생의 함보다 10년 전 내가 받은 함 보따리다.

그로부터 40여 년이 지난 요즘은 대체로 신부 집에서 신랑이 직접 함을 메고 혼자 살짝 도둑괭이처럼 들어오란다. 이웃에 소음 공해가 된다고, 시끄럽다고, 신고 들어온다며 아파트 옆집 주민이 볼세라 들을세라 벨소리도 죽이란다.

제대로 정착되지도 못한 아파트 문화가 미풍양속인 전통혼례문화를 보기 좋게 카운트아웃 시킨 꼴이다.

일생일대 단 한 번뿐인 대사를 여지없이 박탈당한 느낌이랄까.

오래전 함 들이는 정경이 그립다. '함'의 사전적 풀이는 '혼인 때 신랑 쪽에서 채단과 혼서지를 넣어서 신부 쪽에 보내는 나무상자'라고 되어 있다. 본래의 명칭은 납폐(納幣)라 하는데 결혼하기까지의 여섯 의식(의혼, 사주, 택일, 납폐, 대례, 신부례) 중 하나다. 함을 진 신랑 쪽 사람을 함잡이, 함진아비, 혼수아비라고도 한다.

간혹 함값 때문에 실랑이가 벌어져 낯붉히는 일도 있었다. 그러나 청사초롱 불 밝히고 동네 어른들께 처녀가 시집간다는 신고식 같은 서정적인 낭만도 풍기는 미풍양속이었다. 납폐는 의식이 간소화된 요즘도 꼭 행하는 결혼 전 필수행사다.

동생의 함 들어오는 날, 온 집안의 아이 어른들이 모여 벅적이며 함잡이의 세종대왕배춧잎 타령에 통배추가 동원되어 웃음꽃 피우던 떠들썩함이 엊그제 같은데 이제는 사라져가듯 변화된 풍습 중의 하나가 되었다.

(2016. 5)

내 삶의 뒤안길

"자야는 참, 복스럽게도 먹는다. 좀 천천히 먹어라."

점심때쯤 나는 아버지가 일하는 논두렁 근처를 어슬렁거렸다. 아버지가 일 나가시며 하신 말씀이 생각났기 때문이다.

"오늘 아버지 일하는 근처로 와서 나물 뜯으렴."

때마침 주인이 나를 불렀다. 일꾼들이 남긴 보리밥을 목이 터져라 떠 넣던 예닐곱 살 쯤의 내 모습이다.

아버지는 해방 전후, 근무하시던 영림서를 그만두고 목상업을 하셨다. 펜대만 잡던 아버지가 대한청년단장이라는 직책 때문에 황급히 떠난 6·25 피난길이었다. 송기도 벗겨오고 그날그날 품도 팔았다. 어렵게 모은 몇 푼의 돈은 사기당하고, 세 번 이사 끝에 둥지를 틀게 된 곳이 안동김씨 집성촌이었다. 타 성씨는 하인 집 남씨네와 우리집뿐이었다. 피난민일망정 지식인이었던 아버지는 그곳 종손에게 유지급 대우를 받으며 종갓집 땅을 대여해 농사를 짓기 시작했다.

처음에는 어떤 집 문간방에 한 달 정도 살았다. 다음엔 그 뒷집 사랑방 군불아궁이에다 양은솥을 걸고 밥을 해 먹을 수도 있었다. 가을이 되면서 거적을 둘러 부엌이라 이름 붙였지만 지붕이 없어 눈비가 내릴 때는 그대로 맞고 겨울을 보냈다.

여러 번 이사하다 보니 나는 1학년을 뛰어넘은 채 바로 2학년에 입학하게 되었다. 동생을 업은 어머니 손에 이끌려 교장선생님 앞에서 면접을 보는데 '칠 더하기 팔은 얼마지?' 어리벙벙하는 내게 어머니는 십오라고 작은 소리로 말해줘 그대로 대답했다. 다행히 입학이 되었다. 소녀 시절 기억의 창고는 그렇게 저장되며 그 안동이 마음의 고향이 되었다.

드넓은 밭에 봄에는 수박, 참외, 오이를. 가을엔 무 배추를 심었고 그 씨앗까지 재배하는 남다른 원예 농사로 마을 사람들은 아버지를 '우장춘' 박사라고 불렀다.

아홉 살쯤으로 기억한다. 송기죽과 나물죽이 화근이 되어 열다섯 살 언니가 하늘나라로 떠난 지 몇 년 뒤였다. 내가 자연스레 맏딸이 되었다. 한번은 밭일 나가신 어머니를 편하게 해드리고 싶은 마음에 쌀을 씻어 양은솥에 밥을 했다. 저녁때 돌아오신 어머니께서 많이 칭찬해 주셨다. 그때부터 저녁은 늘 내가 지었다.

4학년 운동회 때는 동네별 계주에 뽑혔다. 연습을 해야 하지만 하교

하면 번번이 동생을 업어줘야 했다. 한번은 할 수 없이 풀숲에 눕혀놓고 연습했다. 한참 뛰다가 왔더니 이게 웬일인가. 개미들이 동생의 온몸을 새까맣게 뒤덮고 있었다. 개미에 물린 동생은 울고 나도 구슬 같은 눈물을 뚝뚝 흘리고 말았다.

세 동생은 모두 내 등에서 자랐다. 학교에 머무는 시간 외에는 동생들을 돌보고 집안일을 돕는 데 매달렸다. 싫다거나 불평하면 안 되는 줄 알았다. 오직 어머니가 좀 편하겠지 하는 생각뿐이었다. 점점 무슨 일이든 내가 해야만 된다는 생각으로 굳어져 버렸다. 특히 둘째 동생은 잠잘 때도 내 등에서 잤다. 눕히면 영락없이 깨어나 앙앙 울어서 다시 들쳐업어야 곧바로 새근새근 잠들곤 했다. 책상이 없어 사과 궤짝 위에다 이불을 얹어놓고 잠든 동생을 업은 채 팔꿈치를 괴고 공부를 했다.

두어 해 뒤, 신작로 옆 큰 집으로 이사를 했다. 그 집에서는 학교의 종소리가 마당에서 들렸다. 늘 일에 파묻힌 어머니는 두 번째 종소리를 듣고서야 나를 학교에 보내주셨다. 첫 번째는 주번 종이고 두 번째가 수업 준비종이었다. 여름날 저녁때쯤이면 밭일 나가신 어머니 대신 세 동생을 길 건너 냇물로 데리고 가서 발가벗겨 씻기고 한 명씩 업어다 툇마루에 올려놓고 닦아주곤 했다.

5, 6학년이 되면서 농사철에는 부모님 일손도 많이 도왔다. 원예농사는 잔손이 많이 가고 세심한 관심을 쏟아야 했다. 광활한 밭에도 씨앗 넣는 일은 늘 내가 맡았다. 아버지가 가르쳐준 대로 엄지와 검지로

집어서 떨어뜨리면 한 번에 한 구덩이 속으로 영락없이 서너 알씩만 들어갔다. 어른 몫을 한다며 칭찬하셨다. 아버지는 그런 나를 대견한 눈으로 바라보셨다. 칭찬 듣는 게 좋아 일 나가는 아버지 뒤를 졸졸 따라다니기도 했다.

어느 날 아버지와 같이 수박을 심고 오니 어머니가 '오늘은 어린이날'인데 일을 시켜 미안하다고 맛있는 빵까지 해주셨다.

6학년 가을 추석날 오후, 그 유명한 태풍 '사라'가 전국을 황토 물로 뒤덮었다. 잘 가꾸어진 우리집 드넓은 배추밭도 일부 휩쓸려 나가고 남은 건 온통 진흙범벅이 되었다. 일주일 동안 아버지와 함께 배춧잎 속 흙먼지를 털어내느라 등교할 수가 없었다.

먼 길 떠난 언니를 생각하며 공부도 열심히 했다. 책과 씨름하는 시간은 오직 밤뿐이었다. 졸업식 때는 교육장상을 받았다. 아버지가 사은회 때 콩나물과 술 한 동이를 내기도 했다. 반 아이들도 우리집에 모여 떡 추렴하고 하룻밤을 새다시피 놀았다. 초등학교 시절이 그렇게 막을 내렸다.

(2014. 6)

4부

맥질

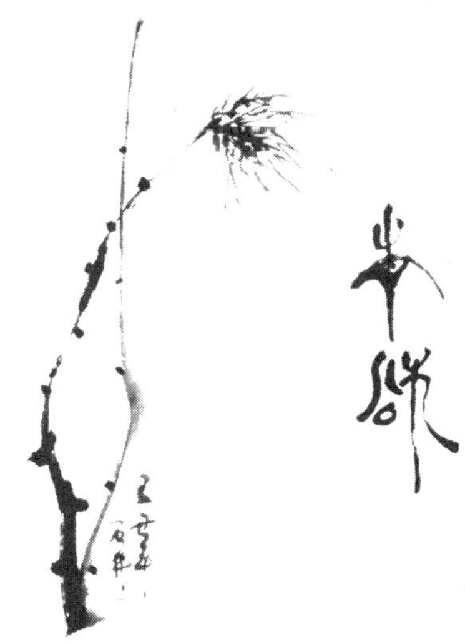

맥질

눈꽃을 머리에 인 매화가 달빛 묻은 향기를 풍길 때쯤이면, 백 살을 넘긴 학고재(鶴皐齋) 오두막은 복숭앗빛 무명치마저고리로 갈아입었다. 뜨락과 부뚜막, 굴뚝에도 연노랑 자미사 두루마기 한 벌씩을 더해 입었다. 군데군데 기운 자국에도 주인네 수고에 보답이라도 하려는가. 뽀얀 박가분 향내를 풍기며 우아한 자태를 뽐냈다. 그 속에 해대기*의 까르르 웃음소리가 들려왔다.

내 어릴 적 어머니는 부뚜막 이맛돌을 뽀얗게 분칠해 주는 걸로 설거지를 마무리하셨다. 끼니때마다 빈 아궁이 속에 감춰 두었던 이 빠진 옹자배기의 진흙물로 그리 치장하셨다. 막내 고모가 시집갈 때도 "사람 집에는 뒷간이 깨끗해야 한다."고 정낭 흙벽에 고운 흙물을 입히

* 갓난아이의 방언(강원)

며 선량한 웃음을 복사꽃처럼 날리시던 어머니였다.

세 살배기 아이가 되어버린 증조할아버지는 온통 변으로 벽화를 그리고 풍경화도 그리셨다. 그림 속 물컹한 향기가 온 방 안을 적셨다. 할머니는 명주고름 같은 남자를 이리저리 돌리며 씻기고 자리도 걷어냈다. 방바닥을 호미로 파내 그 위에 진흙을 덧바르고 흙질까지 하시던 할머니, 끝내 시아버지를 부여잡고 참았던 울음을 터트리기도 했다.

내 10대 후반, 가을철 알곡을 털 때면 집집이 마당 흙질을 했다. 결고운 진흙으로 분단장된 마당은 스무 살 새색시 얼굴을 닮았다. 반지르르한 마당은 알곡에 모래 알갱이가 들어가지 않기 때문이다. 내가 밖에서 놀 수 있는 핑곗거리 중 하나는 그런 매흙을 파오는 일이었다. 동네 언니들과 개골창 절벽 위, 매흙 구덩이를 찾아 대추알이나 밤싸라기를 입속에 넣고 오도독거리며 "누구누구는 연애를 한다, 짝사랑을 한다."며 한나절 수다를 떨다 흙 대야를 이고 집에 들어서면 늦게 왔다고 혼나 팔짝팔짝 뛰어 달아나기도 했다.

60년대 초까지 우리집엔 고콜*이 있었다. 관솔과 사랑을 꽃피우던 시절, 고콜에는 일 년에 두어 번 연중행사로 진흙물 꽃단장이 이루어졌다. 관솔불에서 나오는 그을음 때문이었다. 섣달그믐께쯤 우리집 여인네들은 설맞이로 온 집안의 자리를 모두 걷어내 빨랫줄에 걸어 놓고 콧바람을 쏘였다. 식구들의 엉덩이를 받들어 주었다는 고마움의 표시로 살랑이는 회초리 입맞춤이었던가. 자리들이 햇볕을 받으며 오수를

---

* 방 귀퉁이에 관솔불을 올려놓기 위하여 설치된 구조물

즐기는 동안 벽과 방바닥에는 노릇한 능소화 빛 진흙물로 뒤덮였다. 잠에서 깬 자리들이 살포시 내려와 제자리로 돌아오면 상큼한 웃음을 식구들에게 선사해주곤 했다.

1970년 9월 나의 첫 부임지는 탄광촌이었다. 순백의 올망졸망한 눈망울 앞에 섰다. 여름 장맛비가 흘러내린 교실 벽은 온통 까치버섯밭이었다. 마음까지 우중충했다. 순간 어머니가 하시던 매흙질 모습이 번갯불처럼 뇌리를 스쳤다. 학교 창고에서 횟가루 부대를 찾았을 때는 가슴 가득 푸른 물결이 넘실거렸다.

어느 일요일, 책상을 두세 층씩 올리며 네 개의 벽을 칠했다. 마른 뒤에 보니 걸레가 쓸고 간 자리들이 팔매선을 그리며 너울너울 파도를 타고 있었다. 그래도 까치버섯밭보다야 낫겠지. 마음까지 날아갈 듯 맑아지는 촌뜨기 고라리이기도 했다. 얼마 뒤 흙질도 귀얄로 할 수 있다는 것을 알게 되었다. 마룻바닥도 아이들과 함께 짚수세미로 때를 벗겨내고 치잣물을 먹여주니 수선화 꽃밭이 되고 그 위에 양초 칠 덧옷을 입히니 어느새 미끄럼틀이 되었다. 동화나라 놀이터인 듯 아이들의 재잘거림이 교실에 넘쳐났다.

2000년 명예퇴직 후 평소 전원생활에 목말라하던 그를 따라 시골생활을 시작했다. 친가 마을에 100년도 더 되고 10여 년도 넘게 방치해 두었던 굴피집을 구입했다. 울도 담도 없고 산천과 마당의 경계도 없는 싸릿골 외딴집이었다.

안채 구들을 뜯고 다시 놓았다. 방고래를 다섯으로 잡아 구들장을 덮고 그 사이사이에 진흙을 초벽하듯 쳐서 구멍을 메웠다. 그 진흙이 구들장과 한 몸의 옹기처럼 돌이 되도록 연 일주일 한 트럭분의 장작이 제 몸을 태워 방안을 달구었다. 다 마른 애벌 구들바닥 위에 자갈돌을 두툼히 깔고 그 위에 마른 흙을 두껍게 덮었다. 흙은 뜨거운 불기운에도 자리가 눋거나 타지 않는다. 그 위에 짚을 넣고 이겨놓은 진흙을 흙손으로 고르게 펴 발랐다. 그리고는 다 마를 때까지 2차로 옹기가마 불 지피듯 불을 땠다.

방바닥 진흙은 마르면서 굴피나무등걸이 된다. 갈라진 바닥 사이에 국숫발 모양의 흙 반죽을 끼워 넣고 애벌 흙질을 했다. 마지막 광목천을 깔고 그 위에 진한 흙물과 엷은 흙물을 번갈아가며 꼼꼼히 밀어 넣고는 몇 번이고 덧입혀 갈라진 틈을 메웠다. 틈이 생기면 연기가 올라오기 때문이다. 구부정해진 내 허리뼈가 반듯해지고 파열된 내 무릎 인대가 살아나 붙는 느낌이었다.

굴뚝 쪽엔 불기운을 빨아들이고 연기를 머무르게 하는 개자리도 깊게 파서 바람막이 턱도 알맞게 만들었다. 그렇게 완성된 구들은 한겨울 설한풍에도 한 번 데우면 4-5일은 지속되었다. 요즘 보기 드문 명품 구들이었다.

뜨락과 굴뚝도 진흙덩이와 산돌을 적당히 배열하고 그 틈 사이를 다듬어 흙물로 바르고 손가락으로 보기 좋게 무늬를 그리고 골을 지어 모양을 내었다. 처마의 서까래 사이사이에도 백토 청매화 물을 들이면 온통 나비들이 나풀나풀 춤을 추는 듯했다.

사랑채의 닥종이로 바른 천장을 뜯자, 쥐똥이 두어 삼태기가 쏟아져 내렸다. 밤마다 쥐들이 달리기 경쟁을 하며 보금자리를 틀었나 보다. 고미 천장 사이사이로 이번엔 황토 진흙을 올려붙이고 흙질을 했다. 팔을 타고 흘러내린 황토 물에 속내의까지 벌겋게 물들었다. 벽 구석에는 그 옛날의 고콜도 만들어 홍매화 물로 덮으니 할머니의 붉은 웃음소리가 온 방 안을 뒤덮는 듯했다.

옛집의 벽이 무척이나 얇았다. 추위에 견디기 위해 내벽에 기둥을 덧대 외(椳)*를 덧붙여 얽어매고 진흙을 쳐 붙였다. 그 사이에 군데군데 괴목을 끼워 넣어 분위기를 냈다. 벽면도 바늘구멍만 한 틈조차 허용하지 않을 정도로 흙질을 하고 마지막으로 밀가루 풀을 섞어 덧바르고 마무리했다. 비로소 흙가루가 떨어지지 않고 벽면이 반들거렸다.

이제 어머니의 뜰을 거닐어 보려 한다. 두어 해에 한 번씩 방바닥에 흙질을 한다. 흙먼지 올라올까 연습한 서예 한지를 바르고 그 위에 대자리를 깔았다. 군불 때는 헛부엌에도 어머니처럼 부지런히 매만지며 돌아본다.

은근하면서도 뽀얀 부뚜막이 미소를 머금고 내게로 다가온다. 먹물과 들기름 먹여 햇볕에 절인, 반들반들한 가마솥과 쌍무쇠솥도 말이다. 달큼한 메주콩도 구수한 시래기도 가마솥에 보글보글 삶아보지만 어머니의 손맛을 흉내 내기는 좀처럼 쉽지 않다.

---

* 흙벽을 바르기 위하여 벽 속에 엮은 나뭇가지, 댓가지, 수수깡, 싸리 잡목 따위를 가로 세로로 얽는다.

요즈음 강릉시는 동계올림픽 개최 도시로 경기장 부근의 거리 정비를 하고 있다. 지저분한 조립식 건물 외벽을 하얀 골판지 같은 사이딩으로 붙이는 작업이 한창이다. 한 줄씩 위로 이어 붙이는 모습에서 맥질을 연상케 한다. 눈꽃같이 새하얀 벽으로 변해가는 모습은 얼핏 보는 이의 마음을 푸르게 한다. 그러나 그건 겉으로만 보이는 모습일 뿐, 깊고 은은한 맛이 없다. 겉멋이고 되바라진 색이며 이방인의 색인 듯 어색하다.

흙은 더럽혀도 화내지 않고 포용력이 있으며 자정의 힘이 있다. 맥질은 너저분한 흠을 덮어주고 깨끗하고 우아하다. 현대인들도 마음의 맥질로 상처 난 아픔들을 정화해 보면 어떨까 싶다.

고려청자와 조선백자는 흙으로 빚은 신비의 작품이다. 맥질 또한 흙으로 하는 작업이다. 살아 숨 쉬는 자연이며, 그 자체의 황토색이다. 청화백자색이 그렇듯이 우리 겨레의 전통이며 맥을 잇는 색이다. 달빛 같은 영원한 어머니의 색이다. 어머니 냄새가 풍기듯 정겹다. 깊고 은은한 흙냄새, 순박함과 질박함이 그 멋이고 맛이다.

맥질은 어머니의 얼굴 같은 애잔함과 구수함이 서려 있고, 할머니의 숨결이 흐르는 추억의 오솔길이다. 맥질한 황토벽은 흙 함지를 이고 가던 한 소녀의 애틋한 그리움이다.

(2016. 4)

청남대 대통령 휴양지

설레는 가슴을 안고 대통령 휴양지, 청남대에 도착했다. 대청댐 부근에 위치한 청남대는 다섯 대통령들이 20여 년간 휴식을 취하면서 동시에 국정을 구상하시던 곳이다. 국가 1급 경호시설로 관리되다가 2003년 충청북도로 이양되어 국민에게 개방되었다. 청남대는 전두환 대통령 시절 완공된 대통령 전용 별장이다.

나는 기자가 된 기분으로 다섯 분 대통령들을 따라다녔다. 대통령 역사문화관, 하늘정원, 양어장, 음악분수, 초가정, 그늘집, 대통령 길 등등으로 구성되어 있고 네 개의 탐방 코스로 되어 있었다.

처음 대통령 역사문화관에 들어섰다. 지하 1층 지상 1층으로 된 건물에 옥상은 하늘정원이다. 1층에는 역대 각 대통령들의 역사 기록화와 업적, 유품들을 소장한 전시실이고 지하에는 일상 사용했던 가구들과 소장품들이 전시되어 있다. 일반 시민들과 별 차이가 없다는 느낌이다. 그런데 이승만 초대 대통령과 경제 대국으로의 입성에 초석이 된 박정희 대통령 기록물 및 유품 전시관이 없다는 게 이해되지 않았다. 누구에게나 잘잘못은 있다. 이승만 대통령이 계시지 않았다면 우리는 지금 세계에서 유일한 공산 독재 치하에서 신음하고 있을지 모를 일이고, 박정희 대통령이 안 계셨다면 아직도 1950, 60년대쯤의 보릿고개를 헤매고 있지 않을까 싶다.

정치인들 대부분은 전임자들이 한 일을 평가 절하하는 경향이 있다. 그래야만 자기의 존재감이 돋보인다는 어리석은 생각들을 하는 것 같다. 상대방에게 무게를 실어주면 내가 높이 올라가는 시소의 원리를 깨달았으면 한다. 아는 것만큼 보인다는 내 눈에 비쳐진 생각이다.

본관으로 들어서는 길은 반송 숲길이다. 이글루 모양으로 잘 가꾸고 다듬어진 길, 반송을 무척이나 좋아하는 나는 황홀감에 하늘을 나는 기분으로 본관에 들어섰다. 기념관 본관에는 한 나라의 지도자 쉼터답게 널찍이 잘 정돈되어 있었다. 내외 귀빈들의 접견 장소로 이용되기도 하였고 휴가 중에도 급한 국정은 처리되었다고 한다. 휴식을 취하는 시간에도 국정을 생각해야 하는 대통령의 고뇌에 연민이 갔다.

관내 둘레에는 고급 수종들과 희귀종 야생화들이 잘 가꾸어져 나를 힐링 해준다. 특히 에펠(Eiffel)탑처럼 치솟은 금송, 고급 관상용이라 좋은데 일본 특산종이라 내 마음 한구석이 잿빛으로 드리운다. 발길 닿는 곳마다 왕릉같이 잘 가꾸어진 반송들, 가지가 옆으로 잘 뻗어나가듯 국력이 세계로 뻗어가라는 당시 대통령의 염원이 담겨 있는 듯하다.

홀로 탐방을 다녔다. 걸음이 빠르지 못한 나는 천천히 홀로 즐기던 중 저 멀리서 이상하게 전지하는 모습을 목격했다. 헬기 이착륙 장소로도 이용한다는 골프장, 출입 금지 구역이지만 겨우 양해를 얻고 들어가서 설명을 들었다. 반송이 크고 둘레가 넓기 때문에 전지가위나 톱 대신 3~4m쯤의 회초리 같은 가늘고 긴 대나무 가지로 햇순치기를 하는 것이다. 반송에 관심이 많은 내겐 최대 수확이다.

양어장, 음악분수를 거쳐 초가정으로 갔다. 길목에 가로수인 낙우송은 북아메리카가 원산지다. 뿌리의 일부가 땅 위로 뻗어 나온 호흡 뿌리는 마치 야콘을 흩뿌려 놓은 듯 내 눈을 착각의 늪으로 빠져들게 했다. 30여 년 전 좋은 수종을 선택한 안목에 경의를 표하는 심정이다. 대통령길(14.5km)도 특징이 있는 것 같으나 시간에 쫓겨 둘러보지 못했다.

대통령광장은 마치 대통령들이 와 계신 듯했다. 역대 대통령 동상을 청동으로 제작하여 관람객의 눈높이에 맞게 설치해 놓았다. 여섯 분 대통령들과 자꾸 이야기를 나누고 싶어졌다.

하늘 냄새가 온몸을 휘감는 청남대다. 대청호와 각종 우거진 수목들이 어우러져 숨 쉬는 신선한 공기가 선경(仙境)의 세계인 듯 착각을 일으키게 했다. 때마침 축제 '영춘제'도 함께 관람할 수 있어 내 작은 눈에 태양이 내려앉는다. 각종 분재와 야생화들이 손을 흔들며 활짝 핀 미소로 발걸음을 잡는다.

인간사 새옹지마라는 말이 생각나게 하는 청남대였다. 권력의 중심인 대통령, 별장이던 곳이 테마 관광명소가 되었다. 대통령의 휴식 공간이었던 국내 유일의 별장이 개방되므로 국민들이 대통령의 일상을 엿볼 수 있는 매개체의 역할로 그리고 관광 수입으로 충청북도 재정에도 도움이 될 것으로 생각되었다.

한때 청남대는 국민 입에 오르내리며 국민의 세금과 연관되어 떠들썩했었다. 그래도 그때 설립해 놓았기에 우리나라에도 대통령 전용 별장이 유산으로 남게 되지 않았나 싶다.

(2015. 5)

초막집의 바람처럼

긴 시간 밭고랑에 엎드린 탓인지 일찍 잠자리에 들었다.

머리맡에 둔 휴대폰에서 딩동~ 벨 소리에 '뭐, 광고나 스팸메일이겠지~.' 하면서도 기계적으로 열어 본다. 박 교수다.

'아~ 이분이 좋아지셨나.' 반가운 마음에 불을 켠다.

췌장이 안 좋다는 그분은 단국대 천안캠퍼스에서 강릉 원주대 치과대학 교환교수로 부인과 함께 내 초막에서 생활하며 가끔 강의를 나가고 있었다. 신선한 공기와 풀 냄새로 푸르름을 되찾아 한결 마음이 놓인 상태였다. 신학기도 되고 건강도 좋아져 지난 8월엔 천안 본가로 내려가면서 주중엔 천안에서, 주말엔 내 초막에서 보내겠다고 했다. 그 사이 건강이 또 안 좋아졌다는 소식을 접하고 내가 천안을 찾았을 때는 회복될 듯도 했었는데, 다행히 우리 초막을 다시 찾을 것이라 한다.

며칠 전, 그 댁 일을 봐주는 분이 와서 두고 간 짐들을 모두 가져갔었다. 그리고 두어 달, 몇 번 문자를 넣었는데도 통 연락이 없었다. 그러던 차, 그분한테서 온 소식이어서 더욱 반가웠다.

그분은 내 남편의 유고문집을 보면서 극찬을 아끼지 않았다. 서로 마음을 터놓으니 오래전부터 알고 지내던 사이처럼 금방 가까워졌다. 나는 텃밭에 심어놓은 과일나무와 산채나물 때문에 일주일에 한 번 정도 초막을 찾았다. 그때마다 정자마루에 앉아 여러 가지 이야기를 나눴다. 남편의 작품 중 그분이 좋아하는 시와 수묵화, 글씨 등을 꽤 많은 표고료를 지불하고 초막에다 화랑처럼 차려 놓고 감상하며 좋아했다. 텃밭 구석에 직접 심은 채소가 싱그럽게 자라주어 가꾸는 재미에 즐겁다고도 했다. 텃밭 한쪽을 조금 내어주면 집 짓고 이웃해 살겠다는 것이었다.

"교수님, 이 초막을 내 집처럼 쓰세요. 돈 들이지 말고요."

"제가 있으면 선생님 지인 분들이 못 오시잖아요. 이 집은 장 선생님 기념공원으로 만들어요. 시와 그림, 글씨들이 너무 좋아요. 글하는 친구에게 보였더니 아주 좋다고, 아깝다고, 시화전도 열고 투고도 해 보자 하더군요. 정말 장 선생님 공원으로 가꿔요. 난 옆에 집 짓고 선생님과 친구해서 살고 싶어요."

"앞쪽 길이 해결되면 드릴게요."

그렇게 지냈다.

"여기 정자에 앉으면 천국 같아요. 아지랑이 물안개처럼 피어오르는 봄날에는 인동꽃 향기에 취하고, 가재가 샘을 트는 여름밤 은하강물 아래 반딧불이가 외줄타기로 숨바꼭질하고, 보랏빛 칡꽃 속에서 꿀 따는 벌들을 도와주는 청량한 가을하늘, 싸락눈 내리는 밤 찹쌀떡과 군고구마 냄새로 내 유년을 떠올렸어요. 눈 덮인 겨울밤, 마당가 옹달샘에서 목을 축이고 처마 밑으로 들어와 몸을 녹이는 고라니가족. 하얀 설국에서 나는 무지개 꿈을 꿨어요."

유독 눈이 많이 내린 지난겨울을 떠올리며 얼마 전 그가 하던 말이다. 정자에 모기장을 둘러치고 흔들의자에 몸을 기댄 채 윤선도의 오우가를 노래하며 자연을 벗하던 그였다. 무거운 액자들을 벽에 거느라 버거워했을 그, 마당에 양은솥을 내걸고 자식처럼 사랑하는 진돗개를 위해 손수 먹이를 끓여주던 그, 난로와 족욕기로 몸을 덥히고 군불지피는 게 서툴러 대자리를 태워버렸던 그, 새벽녘이 연구하기 좋은 시간대라며 논문 준비에 박차를 가하던 그, 그에게서는 청량한 하늘 냄새가 났다.

통화를 한 후 차일피일 기다리고 있었는데 청천벽력 같은 소식이 전해왔다. 끝내 회복하지 못하고 떠나고 말았단다. 장례 며칠 후 그 부인이 박 교수 영정 사진을 안고 내 초막을 찾았다. 즐겨 다녔던 산천 풍경 여기저기를 구경시키며 가을 풍광명미를 눈에 넣어 준다고, 좋았던 기억들을 떠올리며 추억을 담아주고 싶어 왔단다. 부인은 정리되는 대로 아이들이 있는 캐나다로 떠난다고 했다.

내가 그를 좋아함은 그의 정신세계의 고결함에 있다. 그는 강직하고 격조 있으며 예의 바르고 부지런했다. 주위를 배려하는 마음도 컸다. 자신을 갈고 닦으며 교육자로서의 품위를 잃지 않았고 생활에 절도 있으며 선비 같은 DNA의 흐름이 느껴졌다. 그는 선한 눈웃음이 매력이고 진솔함이 자연스레 내면의 향기로 촉촉이 배어 나왔다. 나는 텃밭을 찾을 때마다 그분 생활에 방해가 되지 않을까 조심도 했다.

스피노자는 '내일 지구가 멸망하더라도 한 그루의 사과나무를 심겠다.'고 했다. 박 교수야 말로 인생을 치열하게 사신 분이라 하겠다. 곧 삶을 마감한다 해도 자기가 맡은 일과 할 일에 최선을 다하는 모습에서 성스러움까지 느꼈다.

법정스님은 진정한 만남이란 눈뜸이다. 영혼의 진동이 없으면 그건 만남이 아니라 한때의 미주침이다. 만남에는 시로 영혼의 메아리를 주고받을 수 있어야 한다고 했다. 그분이 바로 그런 향기 나는 분이다. 오랜 만남은 아니었지만 사람이 살아가는 도리를 일깨워준 긴 여운이 남는 분이라 쉽게 잊지 못할 것 같다.

독실한 천주교 신자였던 그 부인은 부고에 「사랑하는 하느님의 자녀 박경주·프란체스코가 하느님의 품으로 돌아갔다. 평안하기를 기도해 주십시오.」라고 썼다.

그렇다. 초막집의 바람처럼 스쳐간 남자. 이제 육신의 옷을 떨치고 하느님 품안에서 부디 편히 잠드소서. 하얀 밤 지새우며 나는 그의 명복을 빌고 빌었다.

(2014. 10)

경운기의 백세 장수를

1980년 큰동생이 경운기를 구입했다.

버스는 주문진에서 삼산초등학교까지 아침저녁 하루 두 차례만 오갔다. 주민들의 교통수단이란 두 발뿐이었다. 그 즈음 부연분교에 근무하게 된 큰동생이 오솔길로만 이어진 전우잿길(장천동과 부연동 사이의 고갯길)을 쉽게 넘나들기 위해 구입한 경운기는 삼산마을의 첫 번째 교통수단이 되었다.

주말이면 동생은 가족들을 태우고 본가에서 농사일을 하고 월요일 새벽이면 또다시 가족들과 출근길을 재촉했다. 그럴 때면 부연주민들의 농자재와 비료, 시장 보따리도 함께 동행하는 경운기였다.

겨울이 문제다. 추운 날에는 엔진 시동이 걸리지 않아 더운물을 부어가며 얼마큼 씨름을 해야만 발동이 걸리는 경운기다. 짐칸에 네 기둥을 세우고 비닐과 천을 둘러씌워 가족을 보호하며 다녔다.

돌서더릿길로 이어진 6번 국도다. 어느 여름날 우리 가족이 친가에 다니러 갔다. 작은동생이 약혼녀와 친구를 데리고 와 있었다. 다 함께 하루 놀다 오자고 정한 곳이 30여 리 밖 윗마을 약수터였다. 가는 길이 돌서더릿길이라 경운기가 가벼우면 튀어 오른다고 바닥에 흙을 깔고 그 위에 멍석을 깔았다.

우리 식구, 큰동생네, 작은동생네, 여동생 무려 열세 명이 커다란 양은솥단지, 장작, 옥수수, 과일 등 잡다한 식자재들과 함께 탈탈이 경운기에 올랐다. 작은동생은 비좁은 자리를 넓혀 준다며 달리는 경운기를 붙잡고 타다 뛰다를 반복하면서 목적지를 향해 달렸다.

워낙 돌부리 일색인 시골 국도라 경운기 바닥에 흙을 깔았지만 몹시 튀었다. 덜컹거릴 때마다 서로의 몸을 부대끼며 엉덩이를 덜렁덜렁 들거나 반쯤 섰다 앉기를 수없이 반복했다. 정수리로 내려쬐는 8월의 태양도 아랑곳 않고 아이들은 동요에, 민요에 어른들은 그 가락에 아니리로 엮으며 가끔 불어오는 산들바람에 얼굴을 식히고 "허허, 깔깔" 모두들 신나 있었다. 탈탈거리며 약수터에 도착하는 데는 한 시간 이상 걸렸다.

한여름 천렵 같은 나들이다. 계곡 냇물은 그야말로 청정 그 자체였다. 사람들이 몇 없어 호젓했다. 물속에서 피라미와 춤을 추고 가재와 눈을 맞추기도 했다. 발도 씻고 몸도 담그며 뜨거워진 너럭바위에 배를 붙여 보기도 했다. 돌로 헛아궁이를 만들어 양은솥을 걸고 옥수수, 감자도 삶으며 불에 달군 돌에 삼겹살도 곁들였다. 약수를 먹고 또 마셔 오뚝이배, 아니 남산 같은 배가 되기도 했다. 지금 같으면 오염되었다고 엄두도 못 낼 일이지만 그 시절엔 '오염'이라는 단어 자체를 모르던 때였다. 짐이 가벼워진 탓일까. 돌아오는 길에는 작은동생이 내려서 뛰지 않아도 되었다.

지금은 그 약수터가 사계절 인파로 넘쳐 강릉시에서 격년제로 운영하고 있다. 경운기가 겨우 헤치고 넘던 전우잿길은 지난해 포장이 완료되었지만 큰 차들은 아직 다니지 못하고 있다.

농촌에도 집집이 승용차나 트럭들이 한두 대쯤 있다. 이웃 나들이나 읍내 외출할 때 불편함이 없는 편이다. 그러나 40여 년 전 친가 경운기는 허리가 굽고 거동이 불편하던 어머니와 함께 마을 어르신들을 태우고, 마실 다니는 일이나 경조사에 발이 되어 주고 짐꾼 노릇도 했었다. 동생네는 물론 이웃들에게도 사랑받던 애마였다. 그 경운기는 아직도 큰동생을 태우고 못 가는 곳이 없다. 가끔 감기에 걸려 '컹컹' 큰 기침을 할 때가 있다.

여행이란 말을 들을 때면 경운기에 열세 명이 먹거리를 싣고 30여 리 돌서더릿길 약수터에 가던 생각이 떠오른다. 혼자 피식 웃곤 한다. 그때 경운기나들이는 아마도 지금 외국 여행길보다도 더 어렵지 않았나 싶다. 소중하고 아름다운, 아련히 피어오르는 젊은 날을 회상하게 해주는 경운기. 백세 무병장수하기를.

(2014. 6)

제상 앞의 동생

1956년 섣달그믐쯤이다.

그 시절 귀히 여기던 휘발유 한 병이 우리집에 있었다. 초등학교 3학년 때의 일로 기억한다. 윗마을 아저씨가 라이터에 넣을 휘발유를 얻으러 왔다. 아저씨는 마당가 나무의자에 걸터앉아 라이터 주위에 흘러내린 액체를 날리려고 불을 붙여 후후 불었다. 옆에서 뛰어놀던 다섯 살짜리 동생이 달려와 마주앉아 입을 동글게 오므려 흉내를 내고 있었다.

순식간에 온 얼굴이 시뻘건 불덩이 된 아이가 성난 투우처럼 마당을 휩쓸고 곤두박질친다. 방에서 설맞이 다듬이질하던 어머니가 이불홑청을 들고 뛰어나와 동생의 얼굴을 덮었다. 뽀얗고 보드레하던 동생의 얼굴이 홀라당 껍질을 벗어 새빨간 진달래 빛이었다. 동생은 펄펄 뛰고 어른들은 어쩔 줄 몰라 우왕좌왕이다. 아버지는 시오리나 되는 면

내 약국으로 달려가고 어머니는 마당의 낙숫물 자리의 진흙을 이겨서 얼굴에 발라 주었다.

동생은 장난꾸러기였다. 온 얼굴에 거즈와 붕대로 허옇게 도배를 한 얼굴로 이튿날부터 추운 줄도 모르고 온 마을을 뛰어다니며 놀았다. 워낙 황잡한 아이라 흘러내린 콧물이 코밑에 붙인 거즈에 고드름처럼 달려 반짝였다. 바람을 쏘이면 안 된다고 해도 막무가내였다. 쏜살같이 빠져 나간 동생을 찾으려고 나도 어지간히 뛰어다녔다. 한번은 아버지께 야단을 맞고 쫓겨난 동생을 부르며 한나절이나 찾아다니기도 했다. 목청껏 부르면서 기진맥진 마당에 들어서는 순간, '까꿍' 하면서 볏짚낟가리 속에서 허연 얼굴을 쏙 내미는 것이 아닌가. 그곳에서 1인 2역 전쟁놀이를 하고 있었다.

초등학교 1학년 때의 일이다. 아랫동네 아이들과 싸워서 오리쯤 떨어진 그곳까지 가서 찾아왔다. 그런 동생이라 3학년까지도 제대로 책을 읽지 못했다. 그런데 희한하게 책을 읽히면 줄줄 읽는다. 실제로 글자를 짚고 물어보면 무슨 글자인 줄 모르니, 몽땅 외우고 있었다. 귀신이 곡할 일, 참으로 신기하고 신통하다. 비로소 4학년부터 글을 읽기 시작했다. 내게 종아리도 손바닥도 많이 맞았다.

아버지가 돌아가신 후, 가장이 되면서 억척스럽게 변했다. 중학교 다닐 때도 휴일, 밭고랑에 데려다 놓으면 매번 도망가던 동생이었는데. 직장에 다니고 결혼을 하면서 새벽 4시에 일어나 하루 먹을 소꼴을 다 준비해 놓고 출근했다. 각종 농기계도 들이고 직장일과 힘든 농사일을 병행해 나갔다. 사일로를 만들고 옥수수엔실리지를 만들어 겨울철 소먹이로 대비했다. 동기생들은 동생 같은 이가 있어 대한민국의 앞날이 걱정 없다 했다. 동료로 근무하던 친구는 동생이 교실에 다녀간 뒤면 어느 결에 화분 위에는 비료가 놓여 있더라고 했다. 동기생들의 칭찬은 과언만이 아닌가 싶다.

동생은 중년 들어 고생을 했다. 올케가 갑자기 유방암 4기 판정을 받아 십수 년 병수발 하느라 온 정성을 쏟았다. 민간 약재도 고가의 금액을 마다않고 썼다. 공기 좋다는 고급 요양병원에서도 치료받게 했다. 30여 년 전, 환자 부담이었던 엄청난 병원비도 논밭까지 팔아 지극정성으로 올케의 수명을 십여 년 이상 연장시켰다.

올케가 세상을 뜬 후 이듬해 어머니도 뒤따라가셨다. 조카들 뒷바라지를 모두 마치고 그들이 성년이 된 후 재혼했다. 조카들도 새 올케를 잘 따르고 새 올케도 원만하다. 서로서로 배려하고 위해주는 마음씨들이 참으로 고맙다. 교장선생님으로 퇴직한 동생은 입버릇처럼 말한다.

"지는 모든 시험에 한 번도 떨어져 본 일이 없십더."

그는 어린 시절을 생각하며 그의 자녀들에게 공부하란 말을 한 번도 한 적 없단다. 자녀가 몇이냐고 묻는 말에는 '딸 둘, 계집애 둘, 아들 하나'라고 대답한다. 다섯째로 기다리던 아들을 낳고 난 후 조상님 차례지낼 때 목에 힘이 주어지더라고 했다.

평소 부지런한 동생은 퇴임 후 5대를 살아온 조상님의 터를 지키고 있다. 완전 농부가 된 동생은 두름성이 있고 너름새 좋아 마을 일에도 앞장서며 편한 마음으로 전원생활을 하고 있다.

그 마음 씀씀이가 대견하고 기특하다.

(2016. 5)

사라진 한지공장

동네에 작은 목욕탕이 있다.

시설은 좀 엉성하나 주인이 친절하고 조용하다. 뜨끈한 탕 속에 몸을 담근 채 지그시 눈을 감는다. 갑자기 별로 달갑지 않았던 여고시절 내 별명이 기억의 창고에서 걸어 나온다. 친구들이 목욕 이야기로 수다를 떠는데 끼어들어 우리 마을 '드럼통 목욕' 이야기를 들려주다가 내 별명이 되어버린 '장쟁이(壯丁)' 이야기다.

60년대까지 우리집 앞에 지소(紙所)라는 공장이 있었다. 공장이라야 널찍한 헛간 바닥에 드럼통 두 개와 그 드럼통을 올려놓을 수 있는 흙화덕이 전부다. 드럼통 하나를 세로로 쪼갠 그 반쪽 통은 닥나무를 쪄내는 찜통으로, 다른 반쪽은 곤죽이 된 물한지를 담는 지통으로 사용했다. 또 다른 드럼통은 통째로 펄쳐서 화덕에 올려놓고 물한지를 말

리는 철판으로 썼다

한지의 원료는 닥나무다. 닥나무는 주로 도랑가에서 자생하는데 장정들 엄지손가락 정도의 몸피로 키는 1.5m 내외다. 늦가을 닥나무를 벼 베듯이 베어서 드럼찜통에 넣고 찐다. 쪄낸 닥나무 껍질을 벗겨서 말렸다가 다시 물에 불려 닥 칼로 흑갈색 겉껍질을 벗겨내면 여인의 속살 같은 뽀얀 속껍질만 남는다. 이 속껍질을 드럼찜통에 넣고 메밀대를 태워서 받아 낸 잿물을 함께 넣어 다시 삶아 낸다.

삶아 낸 속껍질은 안반 같은 바윗돌 위에 올려놓고 장정 넷이 마주서서 긴 나무 방망이로 장단을 맞춰 다듬이질하듯 곤죽이 될 때까지 두드린다. 그 먼저 이불홑청 같은 큰 무명보자기 네 귀에 끈을 매어서 공장을 싸고 흐르는 도랑 양쪽에 도열해 있는 적당한 나무를 골라 메어 놓는다. 반구형 모양의 보자기가 거꾸로 물속에서 춤을 춘다.

천혜의 자연환경을 이용한 것이다. 알맞게 곤죽 된 닥나무껍질을 미리 준비한 물속 보자기 속으로 곤두박질시킨다. 그런 다음 아래쪽 보자기 두 귀를 풀어 양손에 잡고 한 손에 덧잡은 고무래를 일렁이며 보자기를 흔들면 흐르는 물이 잿물을 안고 긴 여행을 떠난다.

한편 종이를 잘 엉겨 붙게 하는 닥풀이라는 식물의 뿌리를 두들겨서 끈적끈적한 진액을 준비한다. 잿물이 빠지고 뽀야니 깨끗해진 닥나무껍질곤죽을 이 진액과 함께 지통에 넣고 혼합해 대나무발로 김 뜨듯 한 장씩 떠서 발틀에 차곡차곡 쌓는다. 발틀에 쌓인 물한지는 달구어진 철판 위에서 한 장씩 말린다. 자칫 잘못하면 엉키고 타 버리기 때문에 뜨는 것도 붙이는 것도 요령이 필요한 기술이다. 그렇게 힘들고 섬세한 과정을 거치면 천년 간다는 질 좋은 한지로 태어난다. 그 시절 우리 동네에서 만들어 내는 한지가 최고 명품대우를 받았다. 찌꺼기는 따로 떠서 말리는데 이를 닥종이라 하고 허드레종이로 썼다. 100년이 넘은 우리 오두막 천장도 닥종이로 발라져 있었다. 한겨울 농한기에 한지를 수작업으로 만들어 내는 우리 마을 남정네들은 쉴 틈이 없었지만 부업으로 가정 경제에 보탬이 되었다.

60년 전 그 한지가 친가에 몇 장 남아 있어서 남편이 붓글씨를 쓰고 사군자를 그려 병풍으로 만들어 쓰고 있다.

시골 목욕 시설이 없던 시절, 설이 가까워지면 삼삼오오 지소의 드럼통을 이용해 목욕을 했다. 드럼통에 한가득 물을 부어 덥히고 통 바닥에 장작토막을 깔고 앉으면 뜨끈한 온탕이 된다. 준비과정이 조금은 번거로워 주로 장쟁이들이 많이 이용했었다는 장정(壯丁)을 강조하다가 얻게 된 별명이었다.

허름한 작은 목욕탕을 이용할 때마다 그 옛날 한지공장의 드럼통 목욕이 생각이 난다. 요즘 한지는 현대 시설에 의해 생산한다. 하지만 우리 마을의 사라진 한지공장으로 옛 그 명품 한지를 지금은 구할 수 없다. 사라진 옛것이 그립다.

(2017. 12)

유산

밭고랑에 엎드린 등 뒤로 햇볕이 따사롭다. 해가 구름 사이를 숨바꼭질한다. 살아 숨 쉬는 모든 생명체들이 한가롭다. 요즘은 농작물에 비닐을 씌우거나 제초제를 사용하기 때문에 밭 메는 풍경도 보기 드물다. 풀을 뽑고 있으면 모든 잡념이 사라진다. 마음이 편하고 머릿속도 맑아진다. 정리된 밭고랑을 뒤돌아보면서 나른한 행복감에 젖는다.

아버지는 피난시절부터 원예농사를 하셨다. 그러구러 10여 년이 훨씬 넘어 1962년 고향에 돌아와서도 그 일을 계속했다. 연곡면에서 원조였다.

고향에 돌아오면서 나는 고등학교에 진학했다. 중학생이 된 동생과 시내에서 자취할 때도 주말이나 방학 때면 아버지의 일손을 거들었다. 토마토 줄기를 짚으로 지주목에 매어주거나 새끼줄을 띄워 오이넝쿨을

섶에 올려주는 일을 했다. 또 어린 수박들을 똑바로 앉혀주거나 참외를 뒤집어주노라 조금도 쉴 틈이 없었다. 내가 제일 싫어했던 일은 따비를 새끼줄에 걸어 어깨에 메고 소 노릇을 대신하는 일이었다. 때론 어머니와 같이 겨릿소 노릇도 하고, 인분 귀때동이를 머리에 이고 뒷밭으로 나르기도 했다. 사춘기 시절, 눈앞에 보이는 소금강의 관광객들은 마음속 시샘의 대상이었다. 아니, 동경의 세계였다. 여름날 저녁이면 일찌거니 마을 앞에 흐르는 큰 강물로 멱을 감으러 나가는 또래를 부러워했다. 기껏해야 늦은 밤 앞도랑에서 땀을 씻는 게 고작이었다. 농사일이 싫었지만 내가 거들면 부모님이 편하실 거란 생각에 불평할 수가 없었다.

아버지는 엄하셨지만 다정다감도 했다. 언젠가는 동생이 강 건너 나뭇짐을 지게로 날랐다. 잔등에 피멍이 들어 피가 흘렀다. 하지만 호통을 쳐 목표량을 다 하고서야 치료를 받았다. 시내에 있는 우리들의 자취방을 찾으실 때면 시린 살림에도 영양보충을 해야 한다고 고깃국 싫어하는 내게 억지로 사 먹이곤 했다.

아버지는 인격과 교양은 교육에 의해 갖춰진다고 믿었다. 도지를 주고 판로가 좋은 이웃 마을로 옮겨 다니면서 수박농사를 지었고, 분신처럼 아끼던 애마였던 자전거를 중고 가게에 넘기면서까지 학업을 잇게 하였다. 아버지는 으레 그래야 하는 줄로만 알았다.

사 남매가 모두 교육 공무원이 되어 푸른 계절이 이루어지려던 때였다. 위궤양으로 자리에 누우신 지 스무날 되던 1978년 예순을 일기로 국화향 옷깃에 그윽하게 스며들고 바람 불어 단풍 곱게 드는 날, 주무시듯 우리 곁을 떠났다.

아버지는 지혜의 안목을 자식들 머리에 넣어주려 하셨던가. 당신 살아가는 인생 최대 목표가 자식들 배움의 뒷바라지였다. 지혜를 끌어올려 살아가는 방법을 가르쳐 주신 것이다. 고기 잡는 방법을 스스로 터득할 수 있게 해 주었다.

별스런 가정에 시집가는 딸에게 등만 보였던 어머니는 이것저것 당부를 했다.

"신랑 들어오면 쫓아나가 맞지 말고 애 낳으면 예쁘다고 빨지 말고, 조카들을 내 자식처럼 생각해라. 그래야 네 마음이 편해진다. 남자가 하는 일에 토 달지 말고, 자식들 앞에서 남편 험담하지 말고, 내 집에 찾아오는 이에게는 빈 입으로 보내면 안 된다. 찬물 한 모금이라도 먹여서 보내야 한다."

결혼생활도 시달림의 연속이었다. 마음 맞춰 살면 되겠지. 부모님의 결혼 걱정을 떨칠 수 있도록 도망치듯 앞뒤 생각이 없었다.

결혼 전 시숙이 30대에 세상을 버리면서 남긴 어린 조카 셋과 청각장애인 맏동서, 시어머니, 우리 아이 둘, 아홉 식구의 셋방살이 15년이었다. 20대에 홀로 된 시어머니의 호된 시집살이와 신혼 방 보초근무도 인내로써 감정을 다스려야 했다. 조카 셋 모두 학업을 마쳐 주느라 불어 터진 국수와 꽁보리밥을 목이 터져라 많이도 먹었다.

절박한 마음으로 부부통합 30년 대출을 받으며 내 집을 마련했다. 누구의 도움도 없이 아이들 점심 저녁 도시락 넷과 내 것, 다섯 개를 싸고 왕복 400리 길, 시내 시외버스를 예닐곱 번씩 갈아타면서 직장에서 버틸 수 있었던 것은 모두 부모님이 단련시켜 주신 것이었다.

살면서 늘 빈손이라 생각했다. 고라리라는 열등의식 속에 허덕이고 비교하면서 가슴앓이를 했다.

돌이켜보면 부모님은 내게 근면성을 심어 주셨다. 계산할 수 없는 '근면과 성실 그리고 인내'라는 큰 유산을 물려받았다. 그 유산이 내 살아온 삶 속에 녹아 버팀목이 되었다. 항상 뚝심으로 움직이는 나를 만들어 주었다.

지금에 와서 화들짝 깨단는다. 갈수록 그 은혜 태산처럼 다가선다. 그 유산을 내 아이들도 물려받았으면 하는 바람이다. 아이들은 나를 '일 중독자'라고도 한다. 하루가 짧기만 하다.

(2018. 10)

죽마고우에게

친구야 대답하라. 사랑하는 내 친구야.

비 오는 날이면 자네는 항상 내게 전화했지. 적당한 대폿집 알아 정해 놓으라고. 만나면 우선 담배 두 갑을 꺼내 그 한 갑 내게 내밀며 말이 없던 친구, 눈빛만 마주쳐도 그 마음 읽을 수 있었던 친구였지. 막걸리 값은 꼭 자기가 내야만 되는 걸로 알던 친구, 유년시절 우린 아래윗집 똑같이 아버지 없는 홀어머니 밑에서 땔감을 지게 등짐으로 져 나르며 꿈을 꾸었지. 애비 없는 후레자식이란 소릴 듣지 않으려고 서로를 감싸고 다독이며 청운의 꿈을 키웠지. 나는 그놈의 보리밭 때문에 스무 살에 울보공주 애비가 되었고 자네는 서른넷 노총각에 복덩이를 만나 횡재했지.

어느 날 나는 입영 통지서를 받았다네. 그렇지만 차마 어린공주와 사랑하는 아내를 두고 떠날 수 없어 미루게 되었고 1, 2, 3차로 입영

통지서가 계속 날아들자 급기야는 도망자가 되고 말았었지. 처음엔 좀 미루다 가려던 군이었는데 점점 무서워져 영영 병역 기피자로 범법자가 되어 쫓기는 도망자 신세가 되고 말았지. 항상 불안에 떨며 도망 다니는 나와는 달리 자네는 육군병장으로 당당하게 전역해서 대한민국 민중의 지팡이가 되었지.

도망 다니던 나는 자네에게 의논했지. 방법을 알려달라고. 난처해하던 자네는 자신의 신변위험을 무릅쓰고 내게 경찰서에 자진 출두하는 방법을 가르쳐 주었지.

"사실 내가 집을 비운 사이 글 모르는 노모님이 입영통지서를 받아서 잘 간직했는데 잊어버리고 전달해 주지 않아서 여태까지 모르고 있었으니 선처해 달라." 하라고. 그 조서를 작성한 경찰관도 자네의 절친 동료였고, 그렇게 군 미필자에서 해방이 되었지.

아, 벌써 60년이 훌쩍 흘렀구나. 그런 신분을 감추고자 나는 서울로 올라가 군 기피 사실이 탄로 날까 두려워 제대로 된 직장은 구할 수 없었다네. 자영업을 해야겠다는 생각으로 배운 이발 기술로 이발소를 운영했고 성실히 노력한 덕에 큰 회사가 운영하는 사내 이발소에 근무하게 되었다네. 제법 먹고 살만했지.

많은 시간이 흘렀다. 그렇게 젊은 시절 다 보내고 고향의 어머님이 노쇠하셔서 서울 생활을 정리하고 강릉으로 내려와 보니 자네는 행정 공무원이 되어 기관장이 되어 있더군.

자네 이 사실은 모를 걸세. 이제야 나 고백하네. 나는 자네의 군번을 몰래 훔쳐보고 외워서 어디에서든지 자네의 군번으로 행세를 했지. 자네의 군번을 도용해 예비군 대장도 했다는 걸. 자네는 모를 거야. 세상이 어리숙한 때라고 해야 할까.

예술성이 뛰어나고 감수성이 풍부한 자네가 아닌가. 항상 책을 가까이하던 자네는 일찍 명예퇴임하고 서예로 수묵화로 그리고 시인으로 등단하여 시골에서 전원생활을 하며 옛 시성들을 따라가고 있었지. 나는 자네가 써준 글씨로 병풍을 만들어 경조사에 쓰며 보물처럼 간직하고 있다네. 이순을 훨씬 넘겨 대학에 편입해서 시 공부하는 자네를 우리는 공부 거지라 했지.

그 이전에 노모를 모시고 일찍 세상 버린 형님의 아이들을 셋이나, 게다가 장애인 형수까지. 평생을 바쳐 죽을힘을 다해 거두며 살아도 불평 한마디 없이 한 집에서 복작이며 대가족을 이끌어가는 자네와 자네 아내도 함께 위대해 보였어. 정말이야. 자넨 늘 학같이 고고한 선비로 지냈지. 퇴직 후 통장도 그 흔한 휴대폰도 없이 지내던 자네가 아닌가. 물론 비서 같은 자네 아내가 있어서 가능했겠지만 말이야.

그곳은 어떠한가? 보고 싶구나, 오늘같이 비가 추적거리는 날엔 더더구나. 또 전하리. 사랑하는 죽마고우야.

(2015년 남편 친구의 구술(具述)을 적었음.)

5부

묵화 속의 학고재

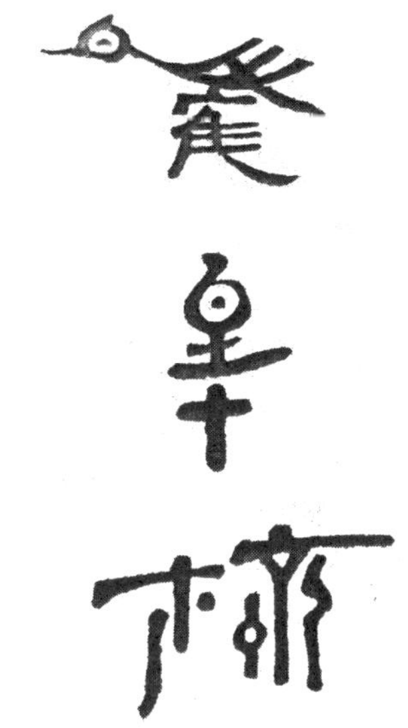

고상한 스트리킹을 위하여

수필을 쓰게 된 동기는 참으로 우연이었다. 학창시절에도 문예반 근처는 기웃거린 적이 없었다. 그렇지만 언젠가 자서전을 써 보겠다는 생각은 늘 품고 있었다. 2014년 신문에 끼워져 들어온 전단지를 보고 여성문화센터를 찾게 되었다.

책과 함께할 수 있어 행복하다. 글쓰기를 시작한 지는 얼마 되지 않았다. 처음에는 그냥 나의 체험을 썼다. 얼마쯤 쓰다 보니 대충 지나온 내 이야기들을 다 쓰게 되었다. 문화 센터에서 3년 수강하자, 폐강되었다. 그동안 수필쓰기를 지도해 주는 분을 찾아보았으나 강릉에는 없었다. 할 수 없이 대학교 평생교육원과 시문학관에 개설되어 있는 시 창작반을 찾아 수필과 접목시켜 보려는 생각으로 몇 년 수강했다.

수필은 딱히 이렇게 써야 된다는 공식이 없다기에 나름대로 쓰고 있다. 생각이 떠오르면 그때마다 대충 메모를 해 두었다가 어느 날 갑자기 쓰고 싶은 충동을 느끼면 단숨에 써버린다. 생각들을 잊기 전에 쓰기 위해서다. 그리고는 덮어 두었다가 며칠 지나 다시 꺼내서 연필로 정서하고 거의 완성되었다 싶으면 노트북에 올려 퇴고에 들어간다. 몇 번이고 소리 내어 읽어본다. 그래야 어색한 부분이나 리듬감을 느낄 수 있다.

퇴고할 때가 제일 즐겁다. 시간을 많이 할애한다. 원본은 두고 복사해서 작업한다. 삭제된 부분이지만 다시 필요할 때가 있을 것 같아서다.

수정이 망설여질 때 내 자신과의 약속이 있다. 어울리지 않는 용어들이나 어색하다고 생각되는 문장들은 불럭을 씌워 빨간색으로 전환해 놓는다. 빨간 글자는 다시 생각해 보고 지우거나 교체하겠다는 의미다. 또 삽입하고 싶은 말이나 문장은 파란색으로 써놓는다. 첨가해도 좋을지를 고민한다. 적절한 용어를 못 찾으면 비슷한 단어를 노란색으로 써놓고 계속 생각에 잠긴다. 수정을 마치면 따로 파일을 만들어 완료 폴더에 저장한다. 인쇄가 되면 다음과 같은 점을 생각하면서 다시 훑어본다.

① 기승전결에서 '기'와 '결'은 가능한 현재시제로 작성되었는가.

② '기'에 첫 단락 첫 문장은 되도록 울림이 있는 단문으로 작성되었는가.

③ 전체가 한 흐름으로 쓰였는가. - 비문은 없는가.

④ 맞춤법, 띄어쓰기는 기본이라 신경 쓰고, 적절한 용어들이 쓰였는가.

⑤ 간결체로 쓰였는가. - 비슷한 용어, 단어들이 중복되지 않았나.

즉 경제적이고 비유는 적절한가.

⑥ 가능한 향토어나 토속어 유머를 한두 단어 넣어주었는가.

⑦ '결'에서는 미래 지향적, 함축적 때론 승화로 끝맺음이 되었는가.

⑧ 문학적 요소가 가미되었는가.

⑨ 메시지가 있는가.

⑩ 재미있게 썼는가.

대개 내 글은 자전적인 글들이다. 문장자체의 완성도도 낮고 문학성도 결여되어 있다고 생각한다. 그러나 위에 나열한 점들을 생각하며 쓰려고 노력하고 있다.

작가 최명희님의 『혼불』은 17년, 괴테의 『파우스트』는 평생을 바쳐 작성했고, 빅토르 위고의 『레미제라블』은 36년을, 헤밍웨이의 『노인과 바다』는 200번의 퇴고를 거쳐 작품을 세상에 내놓았다 한다.

강석호 선생께서는 '수필은 서정시적 정서나 감흥을 가지면서도 시가 아니고, 소설적 구성을 가지되 소설이 아니며, 희곡적 비평적 요소를 가지면서도 희곡도 비평도 아닌 자유스러운 창작문학의 한 형태'라 정의하고 있다. 또 그 수필의 내용은 '아름다운 시가 있고 날카로운 풍자가 있고 가벼운 유머가 있어야 하며 때로는 따끔한 비평과 진솔한 자기 고백이 있어야 한다.'고 했다.

글쓰기가 점점 어려워진다. '수필은 웃고 들어가서 울고 나온다' 는 말이 딱 맞는 말이라고 생각한다. 수필쓰기는 고백의 문학이고 주관적인 글이라 자칫 가벼워지고 신변잡기로 흐르지 않나 경계하면서 겸손하게 쓰려고 노력한다. 속내와 치부(恥部)를 다 드러내고 써야 하므로 알몸을 보이는 것 같은 부끄러움을 느낀다. 고상한 스트리킹*으로 독자들에게 긴 여운을 남길 수 있는 글 한 편 쓰고 싶다.

* 스트리킹: 벌거벗고 대중 앞에서 달리는 일

(2019. 11)

꽃시절로

초등학교 동기생들이 강릉을 방문한다.

지난해 동기생 모임에서 격을 높이고 좀 더 견문을 넓히자는 뜻에서 회원들 거주지 중심의 방문여행을 해 보자는 의견에 따라 그 첫 번째로 강릉이 선정되었다. 안동 묵계초등학교 동기생 29명 중 14명이 전국 각지에서 1박 2일 예정으로 강릉을 방문하게 되었다.

6월 21일, 11시 30분에 강릉시외버스 터미널에 모였다. 첫 여정으로 주문진 소돌항을 소개했다. 소돌에선 싱싱한 자연산 회를 맛볼 수 있고 주문진에서 출발하는 유람선이 있다. 바닷가에는 배호의 노래가 나오기고 하고 그의 '비'도 있다. 아들 낳기를 원하는 아낙들의 '아들바위'가 반들반들 윤이 난다.

함지박 안 물고기들의 활개치는 모습은 삶의 현장이었다. 회를 준비하는 동안 새롭게 단장된 소돌항과 공원 주위를 돌아보고, 전망대에 올라 일렁이는 파도를 바라보며 새벽부터 시달린 피로를 말끔히 씻어 버린 듯, 유년시절로 돌아갔다.

점심 식사를 하며 큰소리로 일렀다.

"애들아, 이번 모임은 관광이다. 내가 서두를 때 잘 따라주고 혹 거슬리는 언사가 있더라도 이해하기 바란다."

"그래그래, 좋소."

70대의 촌로들이 한바탕 꽃시절로 돌아갔다. 오후 2시 주문진항 '이사부 크루즈 유람선' 표는 아들이 선물로 예약해 주었다. 점심 후 석 대의 승용차에 나눠 타고 선착장으로 이동하는 도중, 한 차가 엉뚱한 길로 빠져 우여곡절 끝에 겨우 승선했다. 조마조마한 마음 박수로 대신했다. 한순간에 펼쳐진 별천지는 장관이었다. 1,600여 톤 선체 이층은 나이트클럽으로 쿵짝쿵짝 울려 퍼지고 몸은 저절로 보릿대처럼 흔들거렸다.

어느새 한순이는 마이크를 잡고 열창하며 친구들도 어깨춤으로 덩실거렸다. 신명을 잠시 잠재우고 3층 갑판으로 올라갔다. 탁 트인 해상관광은 마음까지 바다만큼 넓어진 기분이다. 서로서로 이름을 부르며 그곳엔 십대 초등학생들뿐이었다. 1시간 20분이 소요되었다. 돌아오는 선상에서는 외국인 공연과 다양한 이벤트도 펼쳐졌다.

강릉의 명소 관광에 나섰다. 오후 4시경 오죽헌에 들르니 모두 경로우대 입장이다. 강릉은 안동과 비슷한 점이 많고 자매 도시다. 다시 5시 30분 경 선교장을 둘러봤다. 안동의 종택이나 고택들을 많이 보고 자란 친구들이지만 양녕대군의 후손인 이내번의 사대부 아흔 아홉 칸 저택이 지금까지 현존하는 건축물이라는데 놀라워했다. 다시 관동팔경 중 으뜸인 경포대로 이동했다. 옛 시인들이 노래했다는 다섯 개의 달. 하늘, 호수, 바다, 술잔 그리고 임의 눈동자의 달을 이야기하며 현판과 누각의 글씨들도 아는 만큼 설명했다. 다음은 해안로를 타고 강릉 항을 지나 솔바람다리 앞에서 하차해 병산까지 건너갔다.

다리 밑에는 민물과 바닷물이 만나는 이색적인 풍광이, 먼 바다에는 낙조에 물드는 수평선이, 가슴에는 시원스레 씻어 주는 바닷바람이 친구들은 연신 탄성의 도가니 속으로 몰아넣는다. 병산의 막국수와 수육은 입까지 즐겁게 한다며 떠들어댔다. 다시 솔바람다리로 되돌아오는데 어스레한 바다에 오징어 배 채낚기 집어등에서 뿜어내는 야광이 대낮처럼 밝혀주고 있었다. 또 한 번 볼거리라며 하하 껄껄이다.

안목 커피 거리를 지나고 소나무 숲길 창해로를 지나 경포 저동 숙소에 여정을 풀었을 때는 밤늦은 시간이었다. 펜션은 미리 예약해 놓았었다. 피곤하다며 일찍 취침에 들자는데 한순이가 노래방을 고집해 차를 3차례나 운행했다. 노래방에 들어간 친구들은 낭랑 18세로. 세 번이나 시간을 연장하며 자정이 넘어서까지 가요, 민요, 동요까지 훑으며 깔깔거렸다.

6월 22일, 6시 이전 모두 기상. 식전에 경포호수 산책로를 따라 홍장암 전설과 월파정 호수공원을 돌았다. 다음은 경포해변과 강문해변을 잇는 '강문교' 다리를 걸었다. 잔잔한 물살에 눈부신 아침 햇살을 받은 갈매기의 금빛 날개가 번득거렸다. 그물을 걷어 올린 귀항 고깃배들은 처음 본다며 신기하단다. 진또배기 마을, 강문을 뒤로하고 토속음식인 '초당순두부' 마을로 안내했다. 엊저녁 노랫소리로 부어오른 목을 몽글몽글한 연한 콩물이 살살 매만져 준다고 떠들어댔다. '허균 허난설헌 기념공원' 관광은 이른 시간이라 관람하지 못한 채 소나무 예찬에 울울창창한 숲만 바라보았다.

오늘 코스는 정동진 방향이다. 차에 오르려는데 한 친구 남편에게서 전화가 왔다. 고성 임병장 총기난사 사건 관계로 7번국도 진입을 자재하라는 방송이 나왔으니 가지 말라는 내용이다. 우왕좌왕하는 사이 112, 119, 춘천, 서울 경찰청 등지로 연락하여 안내를 받고서야 출발했다.

한양에서부터 우리나라 정 동쪽에 위치하고 있는 절 '등명락가사'에 오른 다음 6·25 남침 사적탑을 지나 해군 퇴역함 '함정전시관'과 1996년 침투한 '북한잠수정' 관람으로 이어졌다. 해안절벽' 썬 크루즈 리조트' 광장에 도착하니 야자수 사이로 이국적인 정취가 물씬 풍겼다. 심곡항을 지나 기암괴석의 절정인 '헌화로'에서는 아름다운 길 100선에 선정된 드라이브 코스라고 설명에 힘을 가했다. 금진항까지 갔다가 되돌아오는 길, 천천히 헌화로를 걸었다.

시원한 바닷바람을 마시며 해맑은 바닷물 속에 잡힐 듯 일렁이는 해초들을 들여다보며 뜯겠다고 신발을 벗는 친구도 있었다. 낚시꾼들이 괴석 위에서 잡아 올리는 펄펄 뛰는 물고기들을 지켜보며 좀처럼 자리를 뜨지 못했다. 마침 파도도 잔잔하고 하늘의 햇살도 구름 속을 숨바꼭질해 즐거움은 배가 되었다. 산 위 '하슬라 아트월드'에 들러 저마다 의미를 부여하고 있는 조각상들을 둘러보았다. 피노키오를 생각하며 혼자 피식 웃기도 했다. 세계에서 바다와 가장 가깝다는 '정동진 기차역' '모래시계 공원' '정동진 박물관'이 오늘 관광의 허브였다.

점심은 한우 대신 물회로. 안인 바닷가 이층에서 바다를 내려다보며, 얼음 동동 띄운 가자미 물회를 한입 가득 사각거리는 식감은 일미였다.

마지막코스는 우리집으로 안내했다. 60여 년 참고 기다린 친구들, 내 나름대로 일주일 전부터 마당의 풀도 뽑고 잔디도 깎고 뒹굴던 수석들도 정리하며 준비했다. 다과를 즐기고 결산을 하며 모두들 애썼다고 칭찬을 아끼지 않을 때는 오히려 민망했다. 승용차를 내어준 아들에게도 고맙다는 인사말을. 동기생들이 돌아가는 길에 아들은 동해의 특산물인 오징어 젓갈을 한 통씩 선물해 주기도 했다.

이제 몇 번이나 더 만날 수 있을까. 유난히도 나를 괴롭히던 남자 개구쟁이들, 몇 명 보고 싶었는데. 그 친구들은 이미 이 세상 사람이 아니다. 6년 동안 같은 공간, 같은 시간을 공유했던 순수하고 질박하던 친구들, 그 투박하던 꽃시절로 돌아갔었다.

(2014. 5)

유월을 떠올린다

텔레비전에서 현충일 기념식이 방영되고 있다. 오늘의 애국가는 유례없이 붉은 장미꽃이 흐느끼는 소리다. 아들은 언제나 변함없이 그 화면 앞에 부동자세로 오른손을 왼쪽 가슴 위에 얹고 국기에 대한 맹세를 하며 애국가도 따라 부른다. 초등학생 때부터 어른이 된 지금까지 이어지고 있다.

유월이 되면 모두들 나라를 위해 목숨 바친 젊은이들의 재단에 애절함과 그리움을 바친다. 내 유월은 떨칠 수 없는, 뒷산 석장골 가는 길목의 이름 모를 포로병에서 시작된다. 아들을 애타게 기다리며 숯덩이 가슴이 되었을 그 어머니를 생각하면 가슴이 아려오곤 한다.

산천을 등지고 이름 없이 누워있는 젊은이가 어디 그 포로병뿐이랴. 돌아오지 않는 국군 병사도 어느 골짜기 산기슭에 외로이 누워 하늘을 우러러 전쟁을 원망하며 부모님을 그리워하는 넋으로 남아 있을 것이다.

네 살 때 나는 6·25전쟁을 만났다. 우리집은 부엌과 소 외양간이 기역자로 붙어있는 산골 굴피집이었다. 그 무렵 국군들이 임시로 우리집에 주둔한 일이 있었다. 어느 날 국군들이 포로 한 명을 붙잡아 왔다. 곧장 그를 뒷산으로 끌고 갔다. 이를 본 동네 사람들이 구경났다고 그 뒤를 줄지어 따라갔다. 나도 그 대열에 함께 가겠다고 앙앙 거렸다. 그러다 어머니 손에 이끌려 집으로 돌아왔다.

그 뒤로 무슨 일이 벌어졌는지는 알 수 없다. 하지만 무척이나 궁금했다. 어른들의 이야기로는 포로병이 스스로 묻힐 구덩이를 팠다고 했다. 애송이었다. 그런데 몇 날 며칠 허기진 채 산속을 헤매었는지 그대로 주저앉듯 쓰러지면서 숨을 거두었다고 한다.

현충일이 되면 항상 새파랗게 질린 얼굴로 끌려가던 포로병을 떠올리곤 한다. 내 기억에 포로병은 왜 그리 불쌍하고 처연해 보였을까. 전쟁의 참혹함과 함께 지금도 그 포로병의 모습은 지워지지 않는 기억으로 각인되어 있다.

그 후 나는 아버지가 짊어진 보따리 위에 무동을 타고 피난을 떠났다. 노도같이 밀려드는 사람들을 구경하다 얼떨결에 그 보따리에서 쉬를 하고 말았다. 그때 아버지의 난감해하던 얼굴은 칠십 년의 세월이 흐른 지금까지 생생하다.

어디 그뿐인가. 어느 강을 건너려는데 포탄이 비 오듯 떨어졌다. 온통 하늘이 하얀 물 천막으로 덮였다. 강을 건너던 사람들이 일제히 울부짖었다. 물위로 시체들이 둥둥 떠다녔다. 청잣빛 강물이 악마의 새빨간 혓바닥으로 변한 것인가. 날름거리듯 나를 쳐다보던 모습들은 오래도록 악몽으로 남아 나를 괴롭혔다.

부모님은 피난지 안동에서 아예 둥지를 틀었다. 그러구러 15년이 지나 고향에 돌아왔을 때 그 포로병이 어디 묻혔냐고 물었다. 할머니께서는 별 것을 다 기억한다며 가리켜준 곳이 우리집 다랑이 논밭이 많아 자주 드나드는 석장골 입구였다. 그곳을 지날 때마다 사춘기 그 소녀는 얼굴도 이름도 모르는 포로병을 위해 마음속으로 기도했다.

지금은 그 농토들이 휴경 농지가 되어 내팽개쳐져 있다.

전쟁 중에 북한군은 주문진 주민들을 국군에 부역했다는 죄목을 씌워 공회당에 몰아넣고 문을 잠근 뒤 불을 질렀다. 부연동에서는 총알이 아깝다며 아기들을 가마니에 넣어 흙구덩이 속에 묻었다고 한다. 내 할머니도 아버지를 피난시켰다는 죄목으로 끌려갔다가 구사일생으로 도망쳐 살아났다. 삼촌은 가끔 백마고지 전투에서 백병전이 벌어졌던 이야기를 하곤 한다. 칠흑 같은 밤 전우와 낙오병이 되었다. 그 전우는 적군에게 붙잡혀 돌아오지 못했다고 한다. 그럴 때면 삼촌의 동공이 이내 흐려지곤 했다.

외삼촌도 국군이었다. 외할머니께서는 매끼 식기에 밥을 담아 부뚜막에 올려놓고 천지신명께 빌었다. 식기 뚜껑에 이슬이 맺히면 '아, 죽지 않고 어딘가에 살아있구나.'생각하며 기다렸다 한다. 외할머니의 기도 덕분인가. 대구 팔공산 전투에서 외삼촌 부대가 적으로 오인되어 폭격을 받았는데 정신을 잃고 쓰러졌다 일어나 보니 등 위로 전우들이 모두 숨져 있었다 한다. 진외삼촌도 북진하는 국군에서 활약하다 전사하여 오죽헌 현충탑에 이름이 올라 있다. 당숙도 6·25 무렵 제대할 때였지만 다시 군복무가 시작되어 7년 동안이나 복무했다. 재당숙은 인민군에 끌려간 뒤 여태 소식이 없다. 국방 경비대에 근무했던 시숙도 생전에 전투의 후유증으로 많은 고생을 했다. 학도병으로 참전했던 이웃집 국장님은 또래 친구가 없다. 그분의 친구들은 전쟁 때 모두 전사했기 때문이다. 그런 연유로 10년 아래인 남편과 친구한다.

강릉에도 '무장공비 침투 희생자 위령탑'이 있다. 1996년 9월 18일 강릉 안인진리에 북한이 무장공비 26명을 잠수정에 태우고 침투시킨 사건이다. 11월 5일까지 49일 간 잔여 공비소탕작전 중 군인 11명, 경찰 1명, 예비역 1명, 민간인 4명 도합 17명의 희생자를 냈다. 아들도 군복무 중 그 작전에 참가했다. 그때 옆에 있던 한 전우를 하늘로 떠나보냈단다. 그래서인지 더욱 국가관이 뚜렷하다.

전쟁은 인간을 짐승으로 만든다. 종갓집 맏딸이던 결 고운 어머니는 모진 피난살이에서 살아남기 위해 무명 올이 해진 치마폭에 동냥을 했고, 막걸리에 꿀꿀이죽을 파는 아낙이 되기도 했다. 펜대만 잡던 아버지는 손바닥에 짚수세미 무늬가 박히는 품팔이꾼으로 막노동을 했다. 네 살 꼬맹이는 아버지가 일하는 모내기 논둑에 나가 일꾼들이 먹다 남긴 보리밥 덩이를 목이 터져라 집어넣기도 했다. 어머니의 등에 업혀 피난길에 올랐던 갓난이 남동생은 홍역으로, 8살 위의 언니는 송기죽으로 연명한 것이 화근이 되어 복막염으로 열다섯 꽃봉오리로 세상을 떠났다.

30년 전 교육대학을 갓 졸업한 교사가 6·25는 북침이고 이승만의 미화작품이라고 했다. 그런 그와 언쟁을 벌인 일이 있었다. 그가 가르친 아이들의 머릿속에 남아있을 정체성이 걱정이다. 초등학교 전 학년 교과서 그 어디에도 안보에 대한 이야기가 보이지 않는다.

전에는 유월만 되면 반공에 대한 그리기 대회와 포스터, 웅변대회들이 연례행사처럼 성대히 이루어졌으나 지금은 시대가 변해 찾아볼 수가 없다.

안보를 잃으면 모두를 잃게 되는 게 아닌가. 상대의 힘이 나보다 세다고 느껴지면 싸움을 걸어오지 못하고 읍하는 법이다. 위정자들도 남탓만 말고 북한이 넘볼 수 없는 나라의 힘을 기르도록 지도해야지 싶다.

국가를 위해 목숨 바친 용사들이 있어 우리가 있다는 걸 명심해야 하리라. 자라나는 세대들에게 목숨 바친 애국용사들을 잊지 않도록 하는 책임이 살아있는, 전쟁을 겪은 우리 세대에 있지 않을까 싶다.

다시금 유월을 떠올린다.

(2014. 6)

노을 속에 핀 진달래

햇살이 소곤거린다. 바람도 야슬거려 정원의 왕벚나무 가지 끝이 더욱 발그랗다. 봄과 겨울의 힘겨루기에서 겨울이 손을 들었나 보다. 봄이 야스락거리는 틈을 타 강아지도 춤을 춘다.

지난해 오랫동안 천식에 시달리던 친구가 진달래꽃 엑기스로 좋아졌단다. 올해는 더 많은 엑기스를 만들겠다고 단단히 벼르고 있다.

수영 강습을 마치고 왁자지껄 법석을 떨어댄다. 오물꼬물 흰 세월을 이마에 매단 여인네들 여섯이다, 깝신대며 "어서 타, 어서." 짐칸으로 안내하는 2인승 코란도 밴 운전자, 자신만만한 태도다. 뱃속에 함지박만 한 간이라도 들어있나 보다.

6번 국도로 들어선다. 한적한 농촌의 2차선이다. 옆에는 능그리 여우 댁이 야지랑을 떨고 있다. 뒤쪽 짐칸에 올라앉은 네 명의 자칭 럭셔리마님들. 장다리, 어처구니, 속소리, 하얀 공주의 별명들은 천연덕스럽게 '내 나이가 어때서' 룰루랄라 바가지 장단에 목청 높여 박자를 맞춘다. 신들린 모습들이다.

그런데 난데없이 '삐용삐용' 경찰 순찰차가 시뻘건 불덩이를 희번덕이며 뒤따라오고 있지 않는가. 신나던 무법자들, 새파랗게 질려 번개 같은 동작으로 옆에 있던 야외 돗자리를 뒤집어쓰고 벌러덩 드러누워 버린다. 간이 배 밖에까지 나왔던 운전자도 기겁을 하고 우선 추월 신호부터 줘본다. 다행히도 경찰차는 삐용이를 끄고 그냥 지나가 버린다. "휴~우~." 그런데 여우댁 왈, 뒤쪽에다 대고 다급하게 소리친다.

"자꾸 따라온다. 꼭꼭 뒤집어써라. 짐처럼 보이게. 하얀 공주 엉덩이가 나왔다."

짐칸이 쥐 죽은 듯 고요하다.

내내 웃음 참던 운전자가 한마디 던진다.

"야! 벌써 다 지나갔다아."

모두들 배꼽을 잡고 꼬꾸라진다.

산행으로 들어섰다. 진달래 꽃잎을 따기 시작했다. 여섯 마님들, 각자의 취향대로 차림새도 각양각색, 나름 완전 무장이다. 통바지에 물장화, 선글라스에 하얀 장갑, 쫄바지에 등산화, 청바지에 운동화 등 그 기백이 장엄하다고 할까, 가관이다. 내 오두막 학고재 앞산 전체가 새빨간 진달래 불꽃으로 활활 타오르고 있다. 지난해 따준 햇가지에서 더 많은 꽃송이들이 빠알간 두 볼을 부비며 매달려 있다. 어젯밤 내린

비 탓에 연분홍 색깔이 까르르 웃음 띤 아기 얼굴이다. 차마 다가가지 못해 어물쩍이는 무법의 운전자에게 입구를 지키고 서 있던 두령 녀석이 빙글거리는 듯하다.

"괜찮아요. 걱정 마세요. 우리는 육신의 옷을 벗어 극락왕생할 거예요."

올해를 마지막으로 친구의 천식이 완치되기를 바라는 마음으로 꽃잎을 덥석덥석 땄다.

"꽃잎을 따서 꽃술 싸움을 했지."

"꽃 속에 애들 잡아먹는 문둥이가 있다고도 했어."

"경상도에서는 아기무덤에만 핀다고도 하고."

"너의 젊음을 보시해주렴."

"미안하다, 미안하다."

어린 시절 듣고 놀이하던 기억들을 떠올려 한마디씩 지껄이며 쏟아내면서도 콧노래가 절로 흘러나온다. 오수를 즐기는 풀벌레와 초목들을 방청객으로 앉혀 놓는다. 두어 시간, 야호야호 오르락내리락 홍 속에 팔이 으스러지도록 정신없이 꽃잎을 딴다. 서로 자기 자루가 크다고 우쭐거린다.

우리 인간들은 자연을 함부로 한다. 이윤이 추구된다고 생각되면 허물고 베고 파고 뒤집기를 서슴지 않는다. 골프장이며 태양광 시설이 그 예다. 최근에 태풍 루사나 매미를 겪지 않았던가! 아마존강 일대서는 일 년에 산림이 여의도의 열배 정도가 사라진다고 한다.

일본 영공에서 내려다보는 산들은 푸르름의 물결이다. 일본은 전 국토 40%에 해당되는 산야 곳곳, 삼나무 거목들을 자원으로 재워 두고 있다. 어느 책에선가 자연을 가장 소중히 아끼고 사랑하는 종족은 아메리카 인디언들이라고 읽었다.

내 증조할아버지께서는 늦가을부터 초봄까지 농한기에 심마니로 산을 타셨다. 산으로 가시는 날엔 찬물로 목욕재계하고 용변도 집에서 보고 들어가셨다가 참고 돌아와 보셨다. 산신께서 더러운 것을 내놓는 자에게는 산삼을 내어 주지 않는다고 믿고 있었다.

가뭄이 들 때는 기우제를 지내기도 한다. 개나 돼지를 잡아 생피를 산천에 뿌리면 하늘의 용신이 노해서 그 더러움을 씻어내려고 비를 뿌린다고 믿는 풍습도 같은 맥락이라 하겠다. 바꾸어 생각해보면 옛 어른들은 그만큼 자연을 아끼고 함부로 대하면 안 된다는, 자연의 소중함을 이미 알고 있었음이다.

자연은 인간들의 해코지에도 침묵하고 있다. 무법자들의 산행으로 산자락을 휘돌아 할퀴고 떠난 자리지만 갈량갈량 해맑은 웃음으로 숨바꼭질하는 그들이다.

산자락에 불타는 진달래 강물, 퍼 담아도 담아도 그냥 이어진다. 때마침 진달래 빛 노을도 타고 있다.

(2015. 4)

엄마 괜찮다

김장배추가 돌덩이처럼 무겁다.

"형님, 올해는 70포기 하셔야겠어요. 작은 고모도 70포기, 우리는 120포기. 그래야 배추를 다 소모할 수 있을 것 같아요."

올케의 말투는 반 강압적이다.

매년 5~60포기는 했다. 적이 걱정스럽다. 체력도 먹음새도 예전 같지 않다. 그래도 공짜가 아닌가. 큰동생이 형제들을 위하여 가꾼 배추다. 지인들에게 좀 나누어 주면 되겠지 하는 마음에서 그러겠다고 했다.

김장하는 날이다. 동생과 딸이 도와줘서 일은 쉽게 끝났다. 내 역할은 용기를 닦고 정리하는 일이었다. 그런데 마지막 통을 들어 옮기는 순간 허리에서 딱 소리가 났다. 몸이 저절로 움찔했다. 아뿔싸, 일을 저질렀구나. 하지만 그냥저냥 참을 만했다.

내색 않고 준비한 수육과 배추 겉절이로 점심식사를 마쳤다. 결국 대수롭지 않게 여겼던 허리에 조금씩 통증이 왔다. 세탁한 빨래조차 널 수가 없었다. 한 번도 시켜본 일 없었던 아들에게 빨래까지 널어달라고 부탁했다.

"엄마, 일 너무해서 허리 아파 그러지?"

"아니이야. 너도 집안일 돕는 연습을 해야지!"

말로는 그러면서도 도무지 개운하지가 않았다.

마사지라도 하고 싶었다. 안마의자에 올라앉았다. 마사지하는 동안은 잠시 허리가 시원했지만 일어서려니 통증이 감전된 듯 참기 어려웠다. 혼자선 도저히 일어설 수조차 없었다. 아이들이 보지 않는 틈을 타 겨우겨우 기어서 방으로 들어갔다. 통증은 점점 참기 어려웠다. 피곤하다는 핑계로 불을 끄고 일찍 잠자리에 들었다.

앉아서라면 나는 무슨 일이든 할 수 있지만 걷기는 50미터도 어렵다. 가까운 마트도 차를 이용한다. 설거지도 팔꿈치를 싱크대에 붙이고 해서 팔꿈치에 굳은살이 생겼다. 병원에서는 수술을 할 수 없다고 했다. 아들은 평소에도 내 허리를 걱정하고 있었는데 그 허리가 다시금 덧난 것이다.

그러구러 시간이 얼마나 흘렀는가. 왜 변의는 무시로 찾아오는지. 한밤중에 나는 참지 못해 겨우 벽을 짚어가며 화장실에 다녀오고 새벽에는 엉금엉금 기어서 다녀왔다. 설상가상으로 아침에는 급기야 휴지통에 실례를 하고 말았다. 끔찍한 일이었다.

밤새 홀로 고통을 감내했다. 아들딸이 혹여 눈치라도 챌세라 방문을 꼭 닫고 숨소리마저 죽였다. 소리 내어 호소할 수도 없었다. 딸의 출근 시간만 기다렸다. 방문이라도 열까 조마조마했다. 다행스레 딸은 내가 평상시처럼 수영장엘 갔나 보다 여겼는지 그날따라 기척 없이 출근하는 듯했다. 아들마저 10시쯤 나가는가 싶더니 이내 전화가 왔다.

"엄마 어디세요?"

"응. 친구들 모임에 왔다."

"뭐 그리 일찍 가셨어요. 차 있던데 뭐 타고 가셨어요?"

"응, 박 선생 차로. 오늘은 원래 일찍 모여서 늦게까지 하는 모임이야."

"아, 그렇구나. 전 수영장 가신 줄 알았어요."

평소 아침 7시 전, 수영장에 간다. 으레 수영장 간 줄 알고 모두 그냥 나갔나 싶다. 그런데 내 차가 그대로 주차되어 있는 게 좀 이상했던가 보다.

아들과 딸이 출근 한 집안은 여느 때보다 더 썰렁했다. 적막만이 감도는데 나는 마음대로 몸을 가눌 수가 없었다. 이제 마음 놓고 끙끙댈 수 있다고 생각했다. 어떻든 차에 오르기만 하면 운전할 만하고 한의원에서 침이라도 한 대 맞으면 금방 걸을 수 있을 것만 같았다. 하지만 이리저리 뒤척여 보아도 도저히 돌아누울 수도 앉을 수도 없었다. 어찌어찌하여 거실까지 몸을 밀고 나왔다. 머릿속에서는 오만가지 생각으로 와글거렸다.

'여동생을 부를까, 아들을 부를까.' 누가 와도 70kg을 업고 돌계단을 내려갈 수 없으리라는 생각이 들었다. 이윽고 용기를 내어 119를 불렀다. 휴대폰과 현금은 주머니에 넣고 있었다. 대문을 열어줄 수 있느냐는 119 직원의 전화가 왔다. 집안에 가족도 움직일 수도 없으니 담을 넘어오라 했다. 그 길로 나는 들것에 실려 한의원으로 가자고 했다.

"할머니, 한의원에는 걸어서 못 들어가요."

그에 가까운 병원 응급실에 내려주었다.

병원에 도착해 물부터 찾았다. 밤새 입이 말라 쓰고 냄새가 날 것만 같았다. 그러나 간호사는 검사를 해야 한단다.

"보호자는요? 보호자 불러요."

퉁명스럽게 주문했다. 나는 가족들이 놀랄까 싶었다.

"보호자 없어요."

재차 부르라 독촉하여도 우기고, 병원비는 카드 있으니 걱정 말라 했다.

X-RAY를 찍었다. 뼈에는 이상이 없는데 계속 아프면 MRI를 찍어봐야 정확한 진단이 나온다며 진통제와 링거를 꼽아 주었다. 좀 있으려니 나보다 조금 젊어 보이는 이가 골다공증 수액을 맞는다며 옆 침대에 누웠다. 그리곤 내게 이것저것 물었다. 눈도 뜨기 싫은데. 자기도 지난해 김장하다 허리를 삐끗해 오래도록 고생했다나.

"따르릉~."

아들에게서 전화가 또 왔다.

"응, 엄마 모임하고 있다."

"점심은요?"

"응. 모임이니 물론 먹지, 너도 점심 맛있는 걸로 사 먹어."

아들은 공무수행 중 무릎을 많이 다쳐 병가 중이다. 3차 수술까지 하고 회복 중이며 목발을 짚고 일어 학원에 다니고 있다.

옆에서 듣고 있던 이가 자기도 거짓말 많이 한단다.

"애들 모르게 식당 일 다니는데 전화하면 '으응 친구 집에 놀러왔다.' 또 '뭐 그렇게 떠들어?' 하면 '친구들과 밥 먹으러 왔다.'고 어떤 때는 '음악 소리 들리는데.' 하면 '응, 관광차 안이야. 관광 왔어. 엄마 괜찮아 걱정 말아.'라고 말해요."

조금 있으니 구급차에 할머니 한 분이 또 실려 왔다.

"할머니. 어디가 어떻게 아프셔요?"

"김장하다 허리 삐끗했씨유."

그 아들과 며느리도 같이 온 모양이다. 아들은 연신 면박을 주고 며느리 역시 못마땅한 눈치다.

응급 치료가 끝나고 간호사는 내게 또 보호자를 부르라 했다. 하지만 나는 혼자 갈 수 있다고 우겼다. 바로 설 수는 없지만 혼자 가고 싶었다. 휠체어에 태워서 병원 출입문 앞에 서 있는 택시에 태워주었다. 그 길로 한의원으로 향했다. 침을 맞고 한결 부드러워져 벽을 짚으며 나서는데 여동생과 딱 맞닥뜨렸다. 놀란 동생은 아이들에게 연락한다며 야단이다. 나는 짐짓 화내는 척 여동생을 말렸다. 하지만 저녁에 기어이 전화해 그만 들통이 나고 말았다.

이튿날 아들과 딸이 동행해 치료를 받았다. 다행히 빨리 회복되고 있었다.

"엄마 괜찮다. 이제 다 나았다. 이 봐라 이제 이리도 잘 걷는다."

나도 나이를 먹을 만큼 먹었나 보다. 뜬금없이 젊은 시절이 그립다.

묵화 속의 학고재(鶴皐齋)

학고재에는 상주하는 친구들이 꽤나 많다.

정겹고 아름다운 놈이 있는가 하면 귀찮고 성가시게 하는 놈들도 있다. 안채 천장 속 대들보와 서까래에 매달려 내 마음을 훔쳐보는 박쥐들과 밤마다 운동회를 열고 달리기하는 서생원들은 내게 정녕 귀찮은 친구들이다. 하지만 그뿐인가. 토담 속에는 우리 집 터줏대감인 구렁이도 살고 있다. 이 친구들이 나들이할 때면 나는 속삭이곤 한다.

"애들아, 너희들이 내 앞에 나타나면 헤침을 당할 것이다. 그러면 너희는 나를 원망할 것이고, 내 마음도 편치 않으니 우리 서로 보지 말자꾸나."

내 말을 알아듣는지 희한하게 한동안 보이지 않고 조용하다.

그러나 내겐 나를 즐겁게 해 주는 정겨운 친구들이 더 많다. 하얀 눈꽃 속 복수초에서부터 봄꽃들이 줄을 이어 마당으로 폴짝폴짝 뛰어

나와 내 가슴에 꽃봉오리 폭죽을 터뜨리며 한바탕 풍물놀이를 벌인다. 푸름이 지천으로 물결치면 마당가 콩밭 고랑에 토끼와 고라니도 끼어 앉는다. 도랑 건너에선 멧돼지가 점잖게 목을 빼고 앉아 구경하다가 슬그머니 사라진다.

가을 야생화들이 온천지에 향기를 뿌리고 알밤 터지는 소리가 축가로 들려올 때면 산천은 때때옷으로 갈아입고 방긋거린다. 온천지가 새하얀 설국으로 변하면 목마른 노루는 마당가 옹달샘에서 목을 축이고 처마 밑으로 들어와 몸을 녹이며 주인장이 내어준 건초로 요기도 한다. 사랑스럽고 예쁜 친구들이다.

'짠'하고 방안 구석구석 찾아든 아침 햇살에 잠에서 깨어나고 동산 위로 떠오르는 너그러운 달빛에 그이의 술잔이 그네를 탄다. 정자마루, 눈이 시리도록 내리꽂히는 푸른 별빛 아래 길 떠나는 설렘이 있고 댓잎으로 흘러내리는 빗물소리에 도롱이를 쓰고 텃밭으로 나간다.

가재가 샘을 트는 여름밤, 앞 도랑 구곡폭포 아래 호롱불 밝혀주면 피라미와 버들치들이 달려나와 유영으로 수를 놓고 반딧불이는 은하강물 아래서 숨바꼭질한다.

부엌과 기역자로 붙어 있던 마구간을 개조한 정자에는 어미 소가 쇠죽을 먹고 있는 모습이 어른거린다. 짚과 콩깍지로 쑨 쇠죽 속에 듬성듬성 보이는 콩을 골라 먹느라 뜨거워 후후 불며 긴 혀를 내두르는 콧등에 입김이 얹혀 있다. 송아지는 어미 소 젖꼭지에 매달려 젖을 빨고 문틈으로 내다보는 할아버지의 흐뭇한 표정이 나들이 나온 별빛 속에 정겹다. 안채 마당에 선명하게 나 있는 싸리비질 자리는 어머니의 정갈함과 애기머슴의 부지런함이 배어 있다.

산죽이 이슬 머금은 뜰아래채 토방, 내가 누우면 머리와 발이 벽에 닿을 정도라 가난하고 힘겨웠던 시절이 묻어난다. 흙벽에는 횃대보가 드리워져 있고 칠득네 일곱 아이들이 대자리 위에서 박작거린다. 막내의 응가를 강아지가 핥아주고 사이에 낀 찌꺼기를 닦아내는 큰누나 얼굴이 연분홍빛이다.

흙내 풍기는 맥질구들 아랫목에는 구수한 청국장이 익어가고 시렁에 매달린 메주에는 노란 곰팡이가 내려와 앉는다. 고콜에서 밝혀주는 관솔의 송진 냄새는 감자, 고구마의 구수함과 함께 그리움으로 살랑인다.

질화롯불 위의 뚝배기에서 보글거리는 소리를 들으며 장에 간 칠득이를 기다리는 안들 얼굴에 첫날밤이 꿈결처럼 피어난다. 그 소리가 잦아질 때쯤이면 사그라져가는 잿불을 부젓가락으로 곧추세우며 점점 저어 되어간다.

소대한 칼바람 추위, 개숫물 함지도 방 한편을 차지하던 모습이 스쳐간다.

앞마당에는 등 굽은 소나무가, 뒤꼍으로는 구새 먹은 고목 감나무들이 세월의 깊이를 더한다. 과꽃 가득한 꽃밭에서 밀려난 달맞이꽃은 낮게 내려앉은 채송화에게 달빛 꽃화살을 보낸다.

"채송 아씨, 내일 저녁 사랑채 뒤꼍 디딜방앗간으로…. 꼭이요."

"달맞이꽃 노총각, 열나흘 달도 싱글벙글 우리를 환영하겠지."

그 옆에서 지켜보던 항아리들 너도 나도 질세라 속닥거린다.

"까무잡잡 지렁독, 한입 가득 물고 힘들겠는데."

"배불뚝이 된장독, 큼직한 황태가 뱃속에 가득하니 네가 제일 부자구나."

"동글동글 막장독, 한번쯤 대굴대굴 굴러보지."

"방글이 고추장독, 한잔했구나, 얼굴이 새빨갛다."

모양도 크기도 제각각인 장독들의 수다에, 달맞이꽃노총각의 너스레도 달콤했다.

남편은 직장에서 명예 퇴임 후 수없이 발품을 팔다가, 친가 이웃에 100년이 넘었고 10여 년 넘게 빈집으로 있던 굴피집을 구입하게 되었다. 울도 담도 없고 산천과 마당의 경계도 없다. 10년 넘게 다듬고 손질하며 정성을 쏟았다. 자귀로 다듬은 기둥이라며 원형을 보존하는데 최선을 다했다. 흩어져 있던 조상님들을 모두 안사랑채 뒷밭으로 모셔오기도 했다. 청학(青鶴)도 쉬어간다는 '학고산소'의 이름을 따 굴피집을 '학고재'라 명명했다.

초심은 굴피집을 깨끗이 다듬어서 방문을 항상 활짝 열어놓고 주인이 있든 없든 누구나 쉽게 드나들며 쉬어 갈 수 있는 공간으로 개방하려 계획했다. 때론 복지원 아이들을 초대해 삼겹살을 굽고 자연에 대한 추억을 만들어 주고 싶었다. 아이들과 함께 제기차기며 땅따먹기, 숨바꼭질도 하며 유년 시절의 꿈을 꾸었었다.

손에 잡힐 듯 아른거리던 무지갯빛 꿈은 허공을 맴돌며 산 너머 멀리멀리 날아가 버렸다. 반딧불 스치던 창 밖에서 두런두런 빙그레하며 드나들던 그이가 나그네새 되었다. 산꼭대기 연못가 너럭바위에서 하얀 수염의 노인들과 먹물 놀이한다며….

초심은 꿈으로만 간직해야겠다. 이제 갈잎이 흙이 되는 깊이로 태를 산에 묻어서 흙내 나는 가을들이 머무는 곳으로, 학고재에서 묵화와 노니는 저녁노을로 익어갔으면 한다. 꽃은 질 때도 아름다워야 하듯.

(2017. 8.)

고라리 실내화

토방 위에서 검정 고무신 부부가 매화꽃을 뒤집어쓴 채 단잠에 빠져 있다. 매화 향에 취한 벌 나비들이 흔들이 깨우며 술래잡기 하잔다.

검정 고무신이 예쁜 꽃 장식을 달고 변신한 모습이 참으로 우아하고 고급스럽다. 까무잡잡하고 무뚝뚝하던 얼굴에서 귀부인 자태가 좌르르, 향기도 폴폴 친구의 마음을 생각게 한다.

지난달 동기들이 싸리골 학고재에 모였다. 한 달에 한 번씩 모여 10대의 풋풋했던 추억들을 떠올리며 서로의 안부를 전하고 세상 돌아가는 이야기에 꽃을 피운다.

"얘, 네가 신으면 멋스러울 것 같아 해 봤어."

여고시절 바자회를 주관하며 솜씨가 야무졌던 미열이가 손뜨개로 매화꽃과 나비를 떠서 붙인 검정 고무신을 내 앞으로 풀쑥 내미는 게 아닌가.

"아니, 어쩜 이런… 좋고말고."

여학교 때 우리 원예반 친구들은 바자회를 개최하느라 학교 실습지에서 여름내 잘 길러낸 수세미의 속을 파내고 말려서 장식을 달았다. 멋지고 고급스러운 실내화로 탄생시켰다. 껌정물을 들이면 검정 실내화다. 바자회에서 단연 인기 최고였다. 수세미 실내화는 여름에 시원하고 땀이 배지 않아 날개 돋친 듯 팔려 나갔다.

뿐만 아니라 갈대도 한 다발씩 묶어 하얀 꽃 솜털은 쫑긋 올려 머리로, 꽃대는 후 불고 부풀려 몸통으로, 끝은 졸라매 꼬리가 되게 하면, 복을 부른다는 갈대부엉이로 태어나 인기 절정이었다.

1학년 가을부터인가. 흰 양말만 신고 다녀야 했던 교칙을 검정 실내화를 신도록 바꾼 것이다. 하지만 시골에서 유학(遊學)나와 자취하는 내겐 등이 휘어지는 부모님 모습이 어른거렸다. 검정 천으로 내 발에 맞게 예쁘게 디자인했다. 밤 새워 두 켤레를 정성껏 만들었다.

이튿날 등교하여 실내화 검사를 받았다. 친구들은 모두 깔끔한 기성 실내화를 신고 있었다. 유독 내 것만이 희한한 수제 실내화였다. 나는 그만 부끄러워 얼굴이 홍도화가 되었다.

"야, 넌 그게 뭐야, 왜 그런 걸 신었어?"

담임 선생님은 오랑우탄 표정을 지으셨다. 순간 모든 친구들의 시선이 팔월의 태양빛으로 내 온몸에 쏟아졌다. 나는 쥐구멍이라도 있으면 찾아야 할 판이었다. 하지만 쥐구멍은 그저 먹빛이었다. 그런데 잠시 후 선생님의 외마디 비명이 들려왔다.

“아니, 너도?”

그랬다. 내가 만든 실내화를 선물로 받고 좋아했던 순옥이는 아예 주저앉아 발을 비비꼬고 있었다. 홀로 숙부 집에 얹혀 공부하는 순옥이는 한여름 꽁보리밥 도시락도 활짝 열어놓고 거리낌 없던 우직한 친구였다. 하굣길에 우리는 그 실내화를 논두렁 속에 잠재우고 말았다. 지금 생각하니 세상에 하나뿐인 내 손으로 만든 명품이었는데 말이다.

얼마 전 청남대를 방문 했을 때 버선모양의 큼직한 천 실내화를 덧신으로 내주었다. 요즘은 관공서나 회사를 신발 신은 채로 드나들고 있다.

지금은 농촌에서도 검정 고무신은 보기 드물다. 친구가 손뜨개질로 장식해 선물로 준 검정 고무신, 신기가 아까워 토방 위에 모셔 두련다. 친구의 아름다운 마음이 전해 오는 듯하다. 가슴이 한껏 훈훈해 진다. 문득 여고시절 시골고라리 실내화 생각이 떠올라 혼자 피식 웃었다.

세미나는 즐거워

27회 '수필문학 작가회' 하계 세미나가 있는 날이다.

김학순 수필문학 작가회 회장님으로부터 연락이 왔다. 회장님 승용차를 이용한다는 게 죄송하지만 네 명의 일행과 함께 아침 7시에 출발했다. 서울에 가까워지면서 꼬리에 꼬리를 문 자동차 대열 속, 양평휴게소에서 느긋하게 보낸 여유를 후회하며 조바심이 났다.

전철을 두 번 갈아탔다. 둔촌동에 승용차를 세워놓고 부지런히 걸었다. 생애 두 번째 타보는 전철이다. 카드 사용도 모르고 방향도 몰라 일행의 뒤만 졸졸 따랐다. 입출구마다 안내원이 문을 열어 주어 무사히 빠져 다녔다. 일행은 행사 시작 시간이 촉박해 택시를 타려했으나 어디로 다 숨었는지 발만 동동 굴렀다. 사회를 맡은 회장님과 딸에게 줄 선물 보따리를 들고 간 노승희 선생은 가까운 거리라며 부지런히 걸어가고, 다리가 아픈 최상필 선생과 허리 아픈 나는 더 기다려서 겨우 택시를 탔다. 그런데 택시기사가 200m쯤 가다가 좌회전이 안 되는 장소인 것 같다며 그냥 내려주었다. 곧바로 횡단보도를 두 번 건너 행사 장소에 도착했다. 겨우 시간을 맞추었다.

참가자들의 얼굴이 함박꽃으로 보였다. 서로 안부를 묻고 건강을 염려해 주는 인사에서 정이 돈독해지는 느낌이었다. 무엇보다 많은 문인들을 알 수 있다는 게 행복했다. 에어컨의 산들 바람은 등줄기로 흘러내리던 끈적끈적한 땀방울을 금세 날려 보냈다.

이번 행사에 참가한 보람이 나름대로 크게 생각되었다. 연암에 대해 깊이 알아볼 수 있는 계기가 되었고 가계 수필에 관심을 갖게 되었으며 원로 수필가들과의 만남이 즐거웠다. 앞으로 이런 세미나에 빠지지 않아야 하겠다.

웃지 못할 추억도 생겼다. 세미나에서 돌아오는 길, 전철 개찰구에 카드를 넣으니 표시등이 빨갛게 들어와 옆에 있던 안내분이 문을 열어주어 겨우, 두 번째 갈아탔는데 나올 때가 문제였다. 일행은 먼저 나가 있었다. 출구 문이 모두 열려 있다. '아, 이 역은 참 인심 좋은 역이구나.' '그냥 내보내 주는구나, 간편해서 좋다. 아니면 이 역만의 관리자 운영 방침인가.' 생각하며 먼저 나가 기다리고 있는 일행의 얼굴만 바라보며 문을 막 통과하려는데 난데없이 '타다닥' 소리가 나며 도깨비 방망이 같은 두 팔이 내 앞을 가로막는 게 아닌가. 순간 깜짝 놀라 "어멍이야라."를 외치며 뒤로 물러섰다. 지켜보던 일행들이 카드를 대 보라 했다.

"아까 안 되던데, 마그네틱이 망가졌나봐."

"그래도 해봐."

다시 카드를 올려놨다. 멀쩡히 문이 좍 열렸다.

일행들이 깔깔 껄껄거린다.

"참, 촌사람 데리고 다니니 창피해 죽겠다."

돌아오는 승용차 안에서 무식함을 감추고 무료함을 달래려고 너스레를 떨었다.

"한눈팔면 코 베 간다는 서울에서 공짜로 택시 탄 사람 있으면 나와 봐. 더구나 전철 승강장에서 원맨쇼 한 사람 있으면 손 들어봐."

이튿날 시립도서관에서 『열하일기』 2권을 대여했다.

마음부터 설레 여행지를 먼저 상상해 본다. 세미나 주제가 「열하일기의 수필 문학적 해석」이기에 올 여름 연암 박지원을 따라 압록강을 건너고 청나라로 들어가 만리장성을 넘어 열하까지 다녀올 생각이다. 발이 부르트고 폭풍우를 만나도 당당하게 걸으리라. 걷는 자만이 앞으로 갈 수 있다. 一夜九渡河記를 읽으며 기행글인데도 전형적 문학적 수필의 진수임이 전해왔다. 언제쯤 이 여행이 끝날지도 모른다.

책장 넘기는 속도가 꽤나 느리다. 하지만 완독을 다짐하면서 욕심을 부린다. 지하철에서의 실수도 남다른 경험이고 더구나 『열하일기』를 읽을 수 있는 기회가 크나큰 세미나의 소득이 아니겠는가.

(2017. 7)

6부

엉덩이에 내린 이슬비

엉덩이에 내린 이슬비

내일이 어머님 기일이라 마트에 왔다.

제상에는 반드시 수박을 올린다. 생전에 어머님이 수박을 많이 좋아하셨기에 빠뜨리지 않는다. 한겨울 눈 속에서도 진열장 속에 달덩이 같은 포루 통통한 수박은 싱싱하고 먹음직스러워 보인다. 불현듯 내 기억은 육십여 년 전 아버지의 수박밭으로 내달린다.

아버지는 대한청년단장으로 활동했었다. 6·25가 터지자 그 직에 임했다는 이유로 황급히 피난길에 올랐고 그러구러 경북 안동 산골마을에 둥지를 틀게 되었다. 귀향을 위한 간절한 소망을 안고 10여 년 넘게 그 시절 남들이 하지 않던 희귀한 원예 농사를 하셨다. 봄에는 수박, 참외, 오이 가을에는 무, 배추 그 씨앗까지 재배하셨던 아버지를 그곳 사람들은 우장춘 박사라 불렀다. 농토는 안동김씨 광활한 종토(宗

土)를 대여한 것이었다. 당시 여름 과일은 개털복숭아나 살구, 꽤(자두) 정도였다.

전선에서는 휴전 협정이 오간다는 소문이다.

그곳 주민들에게는 충격이었다. 보리와 벼농사밖에 모르던 그곳 사람들은 처음 보는 수박, 참외, 오이들의 신선하고 달콤한 맛과 향에 신기해했다. 물물교환이 통례던 시절, 여름철 골골의 아낙네와 처녀들이 겉보리와 밀 자루를 머리에 이고 삼삼오오 좁은 논둑길로 우리의 원두막을 향해 장사진을 이루었다. 겉보리 한 됫박에 대보름달만 한 수박 한 덩이씩, 그렇게 맞바꾼 겉보리와 밀을 트럭으로 실어내 밭도지도 주고 생필품도 사 썼다.

피난지에서도 아버지의 교육에 대한 열정은 남달랐다. 당시 유교사상에 깃들여진 그곳 어른들은 남존여비의 고정관념이 뿌리 깊게 잔재해, 여자아이들은 초등학교에도 보내지 않는 이들이 많았다. 그러나 밥은 굶어도 배워야 한다는 아버지의 신념에 졸업생 29명 중 나 혼자만 중학교에 진학했다. 입학은 했지만 월사금을 마련하지 못한 아버지는 교장선생님을 찾았다.

"지금 밭에 수박을 잔뜩 심어 잘 자라고 있으니 여름까지만 외상 공부시켜 주이소."

노지 재배뿐이었던 시절이었다. 한여름이 되어서야 장날 꼭두새벽,

소달구지에 수박을 한가득 실었다. 수박 사이사이 볏짚을 두둑이 채워 넣고 맨 위에는 이엉으로 덮고 새끼줄을 달구지 틀에 얽어매었다. 굽이굽이 흐르는 낙동강 지류 길안천, 돌서더릿길을 세 번씩 돌고 돌아 건너면서 용케도 깨뜨리지 않고 팔아 비로소 월사금을 내주셨다. 그 후로 단 한 번도 약속한 기일을 넘기지 않으셨다.

금의환향으로 고향을 찾겠다던 아버지의 꿈은 앞당겨지게 되었다. 할아버지가 갑작스럽게 별세하셨다. 부랴부랴 안동 묵계에서 강릉 삼산까지 소달구지로, 버스로, 기차로, 또 버스로 5일이 걸려 고향에 도착했다. 지금은 3시간 거리다. 나는 집에서 40여 리 떨어진 주문진중학교 3학년에 전학하게 되었고 교항리에서 혼자 자취를 했다.

1962년 고향에서도 아버지의 수박농사는 계속되었다. 연곡 면내에서 아버지는 수박농사의 원조였다. 수박, 참외, 오이, 토마토까지. 고향 주민들도 처음 구경하는 과일들이라 신기해했다. 하지만 먹는 방법을 몰라 수박을 껍질째 먹기도 해 웃음바다가 되기도 했다.

쉰을 훌쩍 넘긴 육촌동생이 네 살배기일 때 발가벗은 채 먹던 수박물이 풋대추 같은 고추 끝으로 졸졸 흐르던 모습을 지금도 이야기하며 놀려준다. 그 시절 시골에선 어린 아이들이 여름철에는 홀딱벗고 다니기도 했다.

반딧불이 숨바꼭질하고 가재가 샘을 트는 여름 밤, 처녀 총각들이 착착이놀이를 하면서 우리 수박 원두막으로 추렴하러 몰려들기도 했다.

처음으로 온상 속에서 수박모종을 길러냈다. 고향에 돌아오면서 비닐 속에서 싹을 틔웠다. 처음에는 씨를 직파한 구덩이 위에만 가느다랗게 쪼갠 대나무 가지를 십(十)자 돔 모양으로 휘어지게 꼽고 그 위에 비닐을 씌웠다. 이듬해부터는 온상 틀 속에서 모종을 길러내기 시작했다. 쌓인 눈이 녹기 전에 땅을 파, 땅속에 직사각형 모양의 커다란 틀을 만들고 그 위에 꼭 맞는 비닐 덮개 틀을 만들어 씌웠다. 낮 동안은 최대 일조량을 모으고 밤엔 볏짚으로 만든 이엉을 덮어 보온에 힘썼다. 아버지의 수박 사랑은 가히 포상 감이었다. 봄 내내 온상관리에 온 열정과 정성을 쏟았다.

그 다음해부터는 어른 주먹 크기의 종이분(盆)을 만들어 씨앗을 심었다. 분을 온상 틀 속에 넣어 튼실한 모종을 길러내는 것도 아버지가 처음이었다. 종이분은 아버지가 연구 고안해낸 발명품인 것이다. 분이 시중에 없던 시절이다. 그 후에도 아버지는 판로가 쉽고 시장이 가까운 연곡, 동덕, 관광객이 많이 모여드는 강릉 경포대, 소금강 등지로 어머니와 옮겨 다니며 수박 난농(집에서 멀리 떨어진 곳에서 거처하며 짓는 농사)으로 우리 사남매 학업을 이어 주셨다

세상에서 제일 넘기 힘든 고개는 보릿고개다. 60년대 초 시골산촌에서는 봄이면 집집이 칡뿌리 두들기는 소리가 비가(悲歌)로 들려왔다. 양지쪽 쑥들부터 숙청당했다. 무쇠솥에서는 삼시 세끼 죽 젓는 나무주걱이 뻘뻘 땀을 흘렸다. 그 후 어머니는 아무리 아파도 죽은 드시지 않으셨다. 보릿고개를 넘기느라 칡뿌리와 송기죽, 나물죽에 질려서란다. 그 당시 우리집은 고정수입 한 푼 없던 산간벽지에서 변변한 밭뙈

기 하나 없었는데 어떻게 우리 사남매 모두를 공부시켰는지….

아버지는 자식교육을 위해 불광불급(不狂不及)의 열정으로 수박농사를 지으셨다. 아버지께 그때 못한 박수를 보내드린다.

어머님 제수 준비로 마주친 수박에서 아버지의 교육에 대한 열광이 가슴 시리게 다가선다. 벼농사로는 자식들 공부 뒷바라지가 어렵다는 것을 깨달은 아버지는 남다른 특용작물 원예농업으로 수익성을 올리고 주민들을 계몽하는 선구자셨다. 동네 논밭에는 거의 다 한 번씩 수박을 심어본 경력이 있었다.

아버지란 으레 그래야 되는 줄 알았다. 고마운 마음이 없었다. 아버지를 따라다니는 어머니 고생만 하늘같아 보였다. 어머니를 잘 모셔야 하겠다는 생각뿐이었다.

예순을 일기로 주무시듯 생을 마감하신 아버지셨다. 자식 공부를 마치고 푸른 계절을 이루려던 때, 위궤양으로 자리에 누우신 지 스무날 만이다. 국화향 옷깃에 스며들고 단풍 곱게 드는 날, 별들이 유난히도 환히 서쪽으로 비춰 주는 밤이었다. 내 결혼식에 그렇게 새 양복을 입고 싶어 하셨는데…. 나는 상청에 옷 한 벌 걸어드리며 통곡했다.

"교양을 쌓기 위해서는 학교에 다녀야 한다. 여자도 공부를 해야 한다." 가정 형편을 알고 내 스스로 진학을 포기한다고 했을 때 내게 하신 아버지 말씀이다.

인격과 교양은 교육에 의해 갖춰진다고 믿으시던 아버지, 이제 아버지 나이를 넘어서고야 그 고마움이 가슴에 절절하다. 아버지의 선각자적 사고와 희생으로 자식 세 남매는 교직에 몸담아왔고 막내는 사업을 한다.

지금도 수박만 보면 아버지의 더덕더덕 기운 바지 엉덩이에 이슬비가 내린다.

(2015. 5)

두타연 양구 전투 위령비

『수필문학』 연차대회다.

강원도 양구에서의 세미나다. 양구는 6·25의 접전지고 비극의 땅이었다. 게다가 오지라고 생각했었는데, 선입견과 달리 활력 넘치는 역동적인 도시로 다가온다. 제4땅굴, 통일관, DMZ, 을지전망대, 평화의 댐, 두타연 등 아픔의 상흔을 관광 상품으로 만들어 관광객을 불러들이고 있다. 특히 두타연 계곡은 6·25전쟁 이전에는 금강산 가는 길목이었고 북으로 넘나드는 교통로였다고 한다.

휴전 이후 50여 년 이상 민간인 통제 구역으로 있다가 2006년부터 일반인에게 공개한 민통선 지역이다. 비교적 인적이 닿지 않아 자연생태가 잘 보존되어 있다. 맑은 물과 아름다운 계곡의 두타연은 아직도 발 딛는 곳마다 전쟁의 흉터가 고스란히 남아있다.

위령비는 6·25가 남긴 참상이다. 두타정을 뒤로하고 조각공원을 지나 숲길을 오르니 '양구 전투 위령비'가 늠름하게 우리 일행을 맞는다. 앞서 도착한 다른 관광 팀의 묵념에 진혼곡이 울려 퍼진다. 가슴이 먹먹하다. 부끄럽고 미안함에 죄스러움이 앞선다. 6·25 당시 국군과 유엔군, 괴뢰군과 중공군과의 밀고 밀리는 격전지로 치열했던 투혼이 곳곳에 배어 있다. 그 참상이 열세 개의 위령비에 낱낱이 담겨 있다. 수도사단 순국장병, 제2사단 순국장병, 제5사단 순국장병 등등, 여기에 미2사단 순국장병, 불란서 순국장병, 화란 순국장병도 포함되어 있다.

특히 그 옆 시비 「길 가소서」의 내용이 더욱 내 가슴을 저리게 한다.

「길 가소서」

배고픔으로 삼백 예순 날
사무친 그리움으로 삼백예순 날
님의 그 삼백 예순 날이
반 백번 되도록
어리석어 몰랐습니다.

마디마디 피로 물든 능선
토막토막 끊어진 斷腸의 大地
백석산 도솔산 가칠봉 펀치볼…

누군가는 치루었어야 할 능욕을
님께서 온몸으로 치루신 터

이제 그 터위에 님의 소망따라
새싹 움트고 여명이 밝아옵니다.

님 이시여!
지금은 피맺힌 원한도
사무친 그리움도 모두 풀 때
이승에서 못다이룬 民族의 和合
魂界에서 하나되어
밝고 고운 한 빛으로
부디 길 가소서

그리하여 새로운 날
이땅에 다시 오시어
새 아침의 기쁨
땅 끝까지 누리소서

고운 님이시여 길 가소서
- (원문)

하늘도 뚫을 젊은 기상들이 아픔과 무서움을 안고 어머니를 부르는 음성이 애절하게 들리는 것 같다. 또한 피부색도 다르고 언어도 통하지 않는 이역만리의 젊은이들이 무슨 죄란 말인가.

일행의 묵념 시간에 저절로 어깨가 들먹여져 옆에서 알아차릴까 민망스러웠다. 위령비 뒤, 수북이 쌓인 돌무지는 흩어진 장병들의 시체를 태운 화장터였다니 전투의 치열했음이 어떠했는지 가늠이 되지 않는다.

둥그런 돌탑에서는 북괴의 탱크가 입을 벌린 채 불을 뿜고 내려오는 모습이 어른거린다.

길가에 늘어선 아카시아는 작전 명령을 기다리는 장병들 모습이 떠오르고, 단풍 드는 잎새에서는 검붉은 피로 물든 장병의 신음소리처럼 귓전을 울린다. 저 숲속에 얼마나 많은 젊은이들의 한이 배었을까. 한 번 가면 돌아올 수 없는, 너무나 가여워서 서러운, 청춘이여서 더 서러운, 얼마나 무서웠을까, 얼마나 아팠을까, 얼마나 배가 고팠을까, 또 얼마나 가족이 보고 싶었을까.

문득 대구 다부동 전투에 참가했던 학도병의 바지주머니에서 나온 종이쪽지가 생각난다. '어머니 제 귓가를 찢는 저 총탄 소리가 무섭습니다. 저는 오늘 사람을 죽였습니다. 적을 죽이지 않으면 내가 죽이야 하기에'로 시작되는 그의 어머니께 쓰다 멈춘 편지. 절박하고 다급한 전투 현실, 전쟁의 공포를 메모한 편지 내용의 일절이다.

내려오는 길에서다. 일행이 모두 두타연못으로 내려가고 혼자 쉬는 내게 해설자가 들려준 이야기 두 가지다. 국군 병사가 싸리나무를 베러 산으로 갔다가 공비에게 당했다는 '싸리비 이야기'와 영외에서 출퇴근하던 지휘관이 잠자던 중 당했다는 이야기다. 그 이후 '지휘관들이 모두 영내에서 생활하게 되었다는 이야기를 듣는데 닭살이 돋아 고드름이 달리는 느낌이었다.

우리 고장에도 '강릉 무장공비 침투 희생자 위령탑'이 있다. 1996년 9월 18일 강릉 안인진리에 북한이 무장공비 26명을 잠수정에 태우고 침투시킨 사건이다. 11월 5일까지 49일간 잔여 공비소탕작전 중 군인 11명, 예비역 1명, 경찰 1명, 민간인 4명, 도합 17명의 희생자 위령탑이다. 그때 아들도 군복무 중이어서 그 작전에 참가했으며 옆에 있던 한 전우를 하늘로 보냈다 했다.

전쟁의 공포가 여전히 새겨져 있다. 내 집안에도 삼촌을 비롯해 오촌 당숙과 가까운 친척 두 분도 전쟁에 참전했다가 전사 또는 아직껏 소식을 모른다. 네 살배기 내 기억에 각인된 포로병, 시골 우리집 마당에 주둔해 있던 국군들에게 붙잡혀왔던 새파랗게 질린 얼굴의 포로병, 적군이지만 어린 나이에도 왜 그리 불쌍하고 처절해 보였던지 지금도 잊을 수 없다.

요즘 남북한의 두 정상이 판문점에서 회담을 했다. 그리고 판문점선언을 발표했다. 그 선언이 허언이 되지 않는 참된 평화로, 비핵화가 진실로 이루어지기를 바라는 마음이다.

위령비 앞에서 옷깃을 다시 여미며 '넋을 위로합니다, 푸르디푸른 청춘들의 서러운 혼들을 위로합니다. 당신들이 흘린 피 값으로 후대들이 잘 삽니다. 편히 잠드소서.'

개진개진의 눈으로 하늘을 올려다본다.

(2017. 11)

구틀이

그의 어머니를 나는 아재라고 불렀다. 아재는 외동딸이었다. 뻐드렁니가 흡사 오랑우탄을 닮았지 싶었다. 하지만 그는 인정 많고 배려심이 깊어 동네 경조사에 늘 불려 다녔다.

어느 날, 만삭의 몸으로 우리 노 할머니 회갑연에 부엌일을 돕던 아재가 뒷간에서 별안간 비명을 질러댔다. 놀라 달려가 보니, 정낭 구틀*에 샛말간 새끼 강아지 같은 핏덩이가 고물거리고 있더라는 어머니 말씀이었다. 동네 사람들은 그 아기를 '구틀'이라 불렀고, 그 후 자연스럽게 그의 이름이 되었다고 한다.

구틀이는 얼핏 좀 어눌해 보였다. 똥자루 같은 키에 코도 훌쩍였다. 게다가 얼굴도 곰보였다. 학력이라고 해야 고작 초등학교 4학년이 전부였다. 그러나 그는 못하는 일이 없었고 세상사 돌아가는 이치도 모

* 구틀: 부출의 강원도 방언, 뒷간 바닥의 좌우에 깔아 놓은 널빤지

르는 바 없어 보였다. 그런 탓으로 동네 궂은일에는 제일 먼저 불려 다녔다. 그에게 만사형통이란 별명이 붙은 게 괜한 일이 아니었다.

구틀이 아버지는 목수였다. 그가 어렸을 때 하늘로 떠났다. 속설을 믿는 어른들은 집을 짓다가 지골을 맞아 급사했다고 했다.

그의 성격은 털털한 듯 보였지만 강직하고 원리원칙을 찾는 우직하고도 합리적이었다. 혹여 그가 읍내 농협에라도 가면 직원마다 대필을 시켰다. 어쩌다 동네에 농기계가 고장 나면 으레 그를 찾았다. 그뿐인가. 그는 보기보다 머리가 좋고 힘도 장사 못지않았다. 어찌 그리 힘이 세냐고 물으면 일을 많이 하면 힘이 세진다고 대답하곤 했다. 목욕탕에도 자주 간다지만 항상 세수를 하지 않은 것 같이 꾀죄죄해 보였다.

그는 언제나 홀로 된 어머니에게 지극정성이었다. 마을 경조사가 있으면 어머니를 꼭 오토바이에 태우고 오갔으며, 어른들은 무척이나 부러운 시선으로 바라보았다. 하지만 그가 자그마치 장가를 일곱 번이나 갔다는 건 참으로 놀라운 일이 아닐 수 없었다. 그렇지만 그에겐 안사람도, 슬하에 자녀도 없어 자기 어머니에게 송구하게 생각하는 일이었다. 그래도 전혀 우울해 하거나 외로움을 보이지 않았다.

항상 코미디언처럼 주변 사람들을 즐겁게 했다. 언행이 반듯하고 유모가 있으며, 감성지수 또한 아주 높아 보였다. 사람들은 구틀이가 공부를 좀 더 했더라면 필경 큰일을 할 인물이라고들 입을 모았다. 밤이면 적적해 할 어머니를 위해 이웃 어른들을 모셔다 함께 지낼 수 있도록 배려하기도 했다. 저녁마다 그의 집은 시끌벅적했다. 어른들의 귀갓

길엔 꼭 집집이 모셔다 드리는 수고도 서슴지 않았다.

내 어머니 장례를 지낼 때였다. 광중을 파고 달구를 했다. 지켜보던 아들이 '구틀이 아저씨가 제일 열심히 정성껏 하던데요' 라고 했다. 매장을 수작업으로 하던 때였다. 그만큼 구틀이는 이웃 일도 자기 일처럼 했다.

한때 그는 듬바우골 정법사 개사 당시 10여 년 동안, 그 절에서 일한 적이 있었다. 신도들이 재를 올리고 남은 떡을 우리 어머니와 마을 사람들에게 일일이 갖다 주기도 했단다. 진고개 숲속에 호랑이가 나와 사람을 기다렸다는 이야기가 전해질 만큼 먹을 게 귀하던 시절이었다.

'싸리골'에 우리집이 있었다. 연곡 6번 국도에서 삼산리 싸리골로 들어서 여자 단속곳처럼 둘러쳐진 곳이다. '싸리골 하고재'라 명명한 집이다. 그곳에서 두어 굽이 더 돌며 산줄기를 타고 올라가 '꽃피는 펜션'을 뒤로하고 마지막 고개 위에 올라서면 현덕사라는 절이 있다.

그는 이 싸리골 집들을 보살피는 수호천사였다. 무슨 일이든 그에게 부탁만 하면 바람처럼 달려와 처리해주는 해결사였다.

그는 더없는 효자였다. 그의 어머니가 무릎이 아파 잘 걸을 수 없게 되자 더 늦기 전에 일본 온천에 휴양 겸 여행을 시켜 드린다고 만사 젖혀놓고 큐슈온천도 다녀왔다. 호사한 그의 어머니는 이렇게 자랑했다.

"지팡이라도 집고 걸을 수 있다면 갔다 와 봐. 좋아."

그 얼마 후였다. 더 걸을 수 없는 그의 어머니를 업고 집밖의 풍광을 구경시키는 모습이 종종 사람들 눈에 띄곤 했다. 불교 신자인 그의 어머니가 사월초파일 절에 가고 싶어 하자 노모를 업고 자동차도 들어가지 못하는 고갯길 현덕사에 가 예불에 참석하였다고 한다. 돌아가는 길에도 우리집엘 들렀다. 그의 등에서 내린 아재가 말했다.

"얘 나는 일이 하고 싶어 죽겠다."

그때 나는 아재의 그 말이 이해가 되지 않았다. 그 어머니에 그 아들이란 생각이 들었다.

그러구러 그의 어머니가 뒷간 출입이 힘들어 방에 요강을 들여놓았다. 신문지를 깔고 그 위에 올려놓고 볼 일 보라고 하였지만 번거롭다고 듣지 않았다. 방바닥에 흘리기도 해 서걱거리기까지 했다. 한마디 불평 없이 뒷바라지를 하는 구틀에게 힘들지 않느냐고 물었다.

"살아계신 것만으로도 얼마나 고마운데요."

얽은 얼굴로 씩 웃으며 요강을 비우곤 했다.

어느 날 그가 우리집 일을 도우러 왔다. 세참 시간, 그가 감자부침 한 장을 벗어놓은 윗도리 주머니에 슬쩍 집어넣는 것이었다. 순간 나는 얼마나 부끄러웠던가. 일을 마치고 가는 길에 두 장을 더 얹어 주었다.

구틀이가 어렸을 때 그의 어머니가 잡화를 떼다가 보따리 장사를 할 때가 있었다. 시골이라 값으로 곡식도 나왔다. 그 보따리를 나누어지고 따라 다녔다. 들로 산으로 소도 먹이러 다녔고 자라면서 품도 많이 팔아 어머니를 도왔다.

그런 착한 마음 때문이었던가. 집안 형편이 나아지고 좋은 짝지를 만나 매양 싱글벙글 했다. 헌 트럭을 한 대 구입하여 몰고 다니며 마을 어른들 짐도 실어주고 장도 봐주었다. 어머니를 태우고 딸기 밭에도, 코스모스 길도, 단풍 곱게 든 진고개에도 풍광명미를 구경시켜 드리며 나들이 다니기도 했다. 그런데 그만 교통사고로 황망히 저 세상으로 가고 말았다. 정말 아까운 사람이 갔다. 애연하기 그지없다.

구틀이, 그는 참으로 고운 마음의 소유자였다. '법 없이도 사는 사람'은 바로 그를 두고 한 말이지 싶다. 그의 명복을 빌려고 청솔공원을 찾았다. 자기가 문화재라며 껄껄대던 그가 정녕 그립다.

(2018. 11)

황홀한 눈물

88서울 올림픽 경기실황이 TV에서 한창 방영되고 있다. 선수들의 땀과 눈물의 결실이 모아지고 있는 것이다. 나는 병원 침상에서 뜨거운 찜질팩을 허리에 붙이고 끙끙거리고 그 소리만 귀에 담는다. 40대 초반이지만 보행이 어려울 정도다. 병 원인을 알 수가 없다.

진단명은 '추간판 탈출증'이었다. 수술이 급하다는 의사의 소견이다. 방학과 병가를 이용해 2개월 동안 지압과 물리치료 및 운동을 병행했다. 다행히 통증이 완화되어 개학하면서 다시 직장에 나가게 되었다. 하지만 늘 통증에 시달리며 무려 30여 년을 살아왔다. 그렇다고 자리보존 할 정도는 아니어서 주어진 가사노동이나 직장 일은 차질 없이 챙기느라 몹시 힘들었다. 결벽증도 한몫했다. 그 사이 여러 병원을 전전했으나 별 신통한 치료를 받지 못했다. 진통제만 복용했다. 마지막으로 간 병원에서 수술도 안 되는 '척추후만증'이라고 해서 치료를 포기

하고 그러구러 지내왔다. 요즈음은 서 있기는 물론 50m 보행도 힘들다. 그래도 앉아서는 손빨래도 하고 김도 매고 풀도 뽑는다. 어느 날 지인의 권유로 서울대분당병원 척추센터에 내원하기로 마음을 잡았다.

나 홀로 처음 타 보는 전철이다. 아이들에게는 나들이 간다고 거짓말하고, 내 생애 마지막 확진을 받아 보겠다는 심정으로 첫 버스에 올랐다. 동서울터미널에서 전철을 탔다. 친구로부터 사전에 전철 타는 교육을 받기도 했다. 현금보다는 복지카드를 준비하는 게 편리하단다. 농협카드도 만들고 나름 단단히 준비했다.

아이들도 친척들도 모두 지방에 있으니 서울에는 다닐 일이 별로 없다. 일이 있을 때는 승용차를 이용하니 전철 타는 방법을 모른다. 개찰구에 카드를 넣으니 문이 열리지 않는다. 두어 번 되풀이해도 안 된다. 난감하다. 뒤에서 지켜보던 역직원의 도움을 받았다. 첫 선릉역, 전철에 오르니 사람들이 몹시 붐볐다. 겨우 비집고 들어갔다. 몇 정거장을 서서 갔다.

드디어 서 있는 내 앞자리가 비었다. 두어 번 양보하다 앉았다. 앉고 보니 얼굴이 화끈거렸다. 할 일 없는 늙은이가 바쁜 출근길에 끼어 젊은이들을 힘들게 한다고 눈치 주는 것만 같아 부끄러워 고개를 푹 숙였다. 순간 아 참, 나는 무료 승차한 늙은이지. 젊은이들이 무어라 생각할까! 고개를 더 들 수가 없었다. 노인 복지정책으로 전철 요금을 내지 않는 것으로 알고 있다. 이제라도 현실화시키면 노소(老小) 마음의 갈등은 생기지 않을 것이다.

분당선으로 갈아탔다. 분당선은 횅하니 모두 앉아 있었고 쾌적하고 시원했다. 아, 이래서 노인들이 전철 여행을 즐긴다는 말이 있구나 생각되었다. 마침 병원 간다는 동행을 만나 친구처럼 친밀감을 느끼며 이야기를 주고받았다. 좀 전에 내가 느낀 감정을 이야기했다. 그런데 그분의 생각은 달랐다.

"무슨 소리냐, 보릿고개를 겪으며 어려운 시절, 우리 세대가 이만큼 잘 살게 나라를 만들었는데 그만한 대우는 받아도 된다."고 당당하게 힘주어 얼굴을 붉히며 말했다. 한편 부러웠다. 마침 마을버스가 대기하고 있어 바로 갈아타고 병원으로 향했다.

병원 실내는 청량한 가을날이다. 준비해 간 X선 사진과 MRI 사진을 보였다. 의사는 이제 나이가 많아 자동 노화 현상이니 약이나 먹고 그럭저럭 버티라며 마약성 진통제를 석 달 치 처방해 주었다. 더 묻고 싶은데 보조 의사가 어서 나가라고 손짓했다. 8시간 들여서 2분 정도 의사와 면담했다. 약은 병원 부근 약국에서 사란다. 그런데 전철 타는 데 온 신경 쓰느라 약 사는 것을 잊고 그냥 차에 올랐다. 터미널 부근 약국에서 사려니 그런 약은 팔지 않는다고 했다. 할 수 없이 빈손으로 버스에 올랐다. 이런 특수한 약도 약사 책임 하에 전국 약국에서 판매한다면 나 같은 어리석은 사람이 겪는 어려움은 없지 않을까.

우리나라가 정말 잘 산다는 걸 새삼 느꼈다. 지하철 승강장에 노약자나 장애인을 위해 승강기가 설치되어 있다는 걸 처음 알았다. 어디를 가나 현대식의 깔끔한 실내 환경, 꼬리를 물고 끝이 보이지 않는 자동차 물결, 하늘 비좁은 듯 치솟은 빌딩과 아파트 숲들. 서울의 발전상을 보면서 감탄사를 연발했다. 뉴스로만 보던 선진국 대열에 들어섰다는 걸 실감했다. 송기죽과 쑥, 나물로 연명하던 보릿고개, 미국 국민이 보내준 구호품을 걸치고 강냉이 죽과 멀건 우유 물을 마시며 천막 아래서 가마니를 깔고 공부하던 생각이 떠올라 눈가에 이슬이 맺히는 줄도 몰랐다.

오늘 하루, 모처럼 대한민국 발전상에 황홀한 눈물을 흘리고 서울 나들이를 마친 셈이다.

(2018. 8)

주워 담을 수 없는 말빚

매서운 겨울바람이 유리창을 흔든다.

이제 한 시간 후면 내 생의 마지막 근무가 끝나는 시간이다. 서서히 가슴이 벅차오른다. 그때다. 갑자기 휴대폰 벨소리가 요란하게 울린다.

"할매가 감나무 밑에 엎어져 있데. 업어다 방에 눕혔네."

친가 뒷집 아저씨의 다급한 목소리다.

정신없이 차를 몰았다. 먼저 도착한 큰동생이 병원이라는 연락을 주었다. 허겁지겁 도착해 보니 응급실 한쪽 구석에 어머니가 태풍에 쓰러진 고목처럼 누워 있었다. 인공호흡기를 부착하려는 중인가 보다 생각했다. 담당의사가 꽉 다문 어머니의 입을 기계로 벌리고 말뚝 박듯 쇠꼬챙이로 쑤셔대는 것이었다. 커튼 사이로 이를 목격한 나는 그만 소스라쳐 소리를 냅다 질렀다.

"그냥 두세요. 편히 보내드리게요."

'환자라지만 어찌 사람에게 동물에나 하는 짓을 하다니 황당하기 짝이 없다. 하지만 동생의 생각은 나와 같지 않았다. 20일 전 며느리를 하늘로 보낸 어머니는 그동안 가슴시린 눈물로 지새우고 계셨다.

어머니가 일을 당하던 그날은 언덕 아랫집 아들 같은 젊은이의 장례가 있었다. 며느리 생각도 나고 먼발치서나마 명복을 빌어주고 싶어 마당가 감나무까지 나가셨나 보다. 장례차가 도착해 노제(路祭)가 시작될 무렵이었다. 그런데 그만 선 자리에서 전봇대 넘어가듯 쓰러진 것이다. 놀란 이웃들이 방으로 모셨다.

응급실의 어머니는 혼수상태였다. 그로부터 5개월, 어머니의 병상생활이 시작되었다. 학교가 개학이 되면서 모두들 직장으로 떠났다. 나는 간병인과 교대로 어머니 곁을 지켰다. 남편의 문병을 받을 때면 어머니의 의식 저편에서도 백년손님에 대한 예의를 갖추려는 듯 빙그레 미소 짓는 표정으로 변했다. 손도 고물거려 잡으려는 듯 애쓰는 모습이었다. 생전에 병원에서 영면하기 싫다 하셨다. 퇴원하는 날 병실 환우들과 보호자들이 어머니는 줄곧 웃는 표정이었다고 했다.

"할머니가 퇴원하니 좋으신가 봐요. 막 웃으세요."

의식 저 깊은 곳에서 집으로 간다는 걸 인지하시는 것 같았다. 앰뷸런스에서 방으로 드시는 어머니는 여행객처럼 온 집안을 살피는 듯 좌우 눈동자를 굴리셨다. 그리곤 안도하는 듯 평화로운 모습이었다. 문병오는 이웃 분들께도 인사하듯 눈동자를 굴리셨다. 가슴이 쓰리고 안쓰러웠다.

일주일 뒤 어머니의 위독하다는 연락을 받고 자식들이 모였다. 안심이 되셨는지, 반가사유상 같은 자애로운 얼굴로 아무 일 없다는 듯 잠에 드셨다. 나는 그때 어머니 귀에다 대고 자식으로서 해서는 안 되는 말을 하고 말았다.

"어머니, 뭐가 못 미더워 못가시나요? 모든 걸 내려놓고 편히 가세요. 애들 애먹이지 말고."

오고 가는 잠깐을 견디지 못하고 마지막 가는 그 야윈 가슴에 끝내 독설을 퍼부은 것이다. 그날 밤 서쪽 하늘에는 양떼구름이 복사꽃처럼 아름답게 물들어 있었다. 그 구름 위에 꽃단장 곱게 한 어머니가 올라앉아 아주 여유롭게 자꾸만 자꾸만 서쪽으로 둥둥 떠가고 있었다. 하늘 끝에는 꽃들이 만발하고 아미타 부처님이 웃고 계셨다. 나는 허둥대며 어머니를 부르다가 깨어났다. 새벽 2시였다. 이상하다 싶었지만 낮에 좋아 보였던 어머니 모습에 그냥 별일 없겠지, 다시 잠이 들었다. 시간이 얼마나 지났을까. 정적을 깨우는 벨소리에 나는 화들짝 깨었다.

"따르릉 따 따르릉…."

새벽 4시였다.

"어머니, 운명하셨어요."

수화기 저쪽에서 침통하고 나지막이 들리는 목소리다. 아! 어머니는 내 독설에 대응하듯, 가시는 모습을 선명하게 보여준 것이다.

자식들 누구도 어머니의 마지막 길을 지켜드리지 못했다. 그 먼 길, 배웅도 받지 못하고 혼자 얼마나 무섭고 외로우셨을까. 간병인이 곁을 지키다 잠깐 잠든 사이였다고 했다. 그날 서울 동생만 남고 나머지 형제들은 각자 집으로 돌아간 뒤였다. 동생이 어머니 옆에서 자고 싶었지만 간병인의 집이 멀어 보낼 수 없고 같은 방에서 밤을 지새우기도 그러해 옆방에 있었다고 했다.

올케가 유방암 말기 진단을 받자 농촌에 있으면 일을 하게 된다며 동생네를 기어코 시내로 내 보내고 홀로 시골집을 지키고 계셨다. 여든이 넘으신 어머니가 올케보다 먼저 차례를 지켜 주셨으면 하는 마음이기도 했다. 올케가 병원에서 제일 보고 싶은 사람이 어머니라 했다. 지팡이에 몸을 의지하고 병실로 찾아와 서로 부둥켜안고 상봉하는 장면에 병실 사람들이 다 울지 않았던가. 그날 밤 올케는 하늘로 긴 여행을 떠났다.

어머니는 전쟁의 포화 속 피난지에서 모진 목숨줄 놓지 못해 치마폭에 동냥도 하셨고, 온 들판과 산자락을 날며 쑥과 송기를 거두어 식구들 연명케 했다. 휴전이 되면서 아버지의 원에 농사를 돕느라 별 보고, 들에 나가 별 보고 집에 들어오셨다. 십여 년 뒤 고향에 돌아와 자식들을 가르쳐야 한다는 신념으로 학비에 보탬이 되는 것이면 무슨 일이든 가리지 않으셨던 어머니다.

장다리꽃을 재배해 그 씨앗을 가가호호 방문 판매도 하셨고, 농한기에는 보따리 장사도 했다. 마중 길에 나서보면 어머니는 보이지 않고, 태산 같은 보퉁이만 뽀얀 흙먼지 속에 둥글둥글 굴러오던 모습이 지금도 내 기억 속 아픔으로 머물고 있다.

어디 그뿐이었던가. 이웃 마을의 주막집을 들락거리며 구정물을 날라 돼지도 키우고 춘궁기에는 장려 쌀을 목이 비틀어지도록 여 날랐다. 잠깐이지만 큰길가 작은 가게를 빌려 국수도 말고, 주전자에 막걸리도 담아냈다. 대를 거쳐 내려오는 뒤란에 숨겨 놓았던 장뇌삼도 내다 팔았다. 허리에 차오르는 삼십 리 눈길, 하얀 코고무신에 새끼줄을 칭칭 동여매고 확 길을 파며 이고 지고 날라다 시내에서 자취하던 4남매 모두를 교육자로 봉직하게 만드셨다. 마을 사람들은 그런 어머니를 현모양처의 본보기상이라 했다. 단아한 모습에 기품 있고 정이 넘쳐 향기 나는 사람이라고도 했다.

친구는 통곡하는 내게 '진정한 사랑이 없으면 그런 말이 나오지 않는다.'고 위로했다. 진정 마음 밑바닥에 사랑만이었을까. 주워 담을 수 없는 말빚, 비수가 되어 내 가슴을 찌르고 있다. 어머니 앞에선 항상 죄인이다.

(2017. 12)

시소의 원리를 아십니까

TV를 켜는 자체가 내겐 스트레스다. 수신료(시청료) 거부 운동이라도 하고 싶은 심정이다.

요즈음 TV만 켜면 무슨 교수 무슨 평론가, 변호사들이 점잖게 둘러앉아 세상사 자기 생각을 이야기 하고 있다. 국회의원 정치인들은 국민의 이름으로, 국민의 마음으로, 국민 이름을 팔고 자기가 최고 애국자인 양 목울대를 높인다. 그럴 때면 채널을 돌린다. 그래도 마찬가지, 비슷비슷한 내용을 가지고 같은 토론자들이 여기저기 얼굴을 내밀고 있다. 그렇게 국민을 위하고 국민의 마음을 잘 알고 나라를 위하는 애국심 충만한 이들이 어찌 여태 나라꼴을 이 지경으로 만들었을까! 횃불에 올라타 선동적인 행동과 언사들을 마구 쏟아내는 이들은 또 무엇을 잘했단 말인가.

상대방을 헐뜯고 비하해야만 자신의 위상이 높아진다고 생각한다.

상대를 위하고 칭찬해주면 내 인격이 내 위상이 올라간다는 시이소 원리를 왜 모르는가. 남 탓만 하는 정치인들, 과연 무엇을 얼마나 잘하고 있는가. 나 아니면 안 된다는 그런 생각은 오만이다. 꼭 남의 탓 네 탓으로 돌리고 자신은 잘난 척 청렴한 척하는 꼴, 정말 역겹다. 저속한 말들, 아니 상소리에 가까운 말도 거침없이 쏟아내는 국회의원들. 그를 뽑아준 지역구 주민들은 어떤 생각을 하고 있을까.

옛말에 매달린 돼지가 누운 돼지 흉보고, 똥 묻은 개가 겨 묻은 개를 허물한다는 말이 있다. 그저 내 탓이요, 하는 역지사지(易地思之) 관점으로 생각해 보면 안 될까. 채널 돌릴 때마다 스트레스 지수는 빨간등으로 변한다. 모임에 가보면, 나만의 생각만은 아닌 것 같다.

요즈음 사태는 우리 모두의 공동 책임이다. 내 지분도 있다고 생각해야 될 것이다. 국회의원님들 정치하시는 분들 자중하시고 인격 관리 좀 하세요. 사람 위에 사람 없지만 국회위원 위에는 국민이 있습니다. 제발 국민 이름 팔지 말고 시소의 원리를 공부하세요.

(2016. 10)

천지개벽

비가 억수로 내린다.

2002년 8월 31일, 대문을 나서는데 눈을 뜰 수가 없다. 받쳐 든 우산은 무용지물이다. 도로는 물론 상가 창틀 밑까지 황토 물이 찰랑이고 있다. 내가 탄 카풀 자동차는 그 황토 물을 헤치며 대관령을 넘어 학교에 도착했다. 계속 장대비가 쏟아진다.

집에 전화를 했다. 아들이 밤늦게 들어와 자는 걸 보고 출근했기 때문이다. 수업을 마치고 아이들이 안전하게 귀가했음을 확인한 후 직원들도 조금 일찍 퇴근했다. 강릉 시내 대부분 도로는 이미 물바다다. 돌아 돌아서 겨우 도착한 어미를 보자 아들은 열변을 토해냈다.

지난밤 승용차를 고수부지에 세워 두었었다. 내가 전화를 했을 때, 아들은 제 누나 차를 같이 타고 강릉 경찰서 앞 사거리를 지나는데, 물이 차올라 차는 더 이상 움직일 수 없었다. 골목 한편에 세워 두고

빗속에 누나는 집으로, 아들은 고수부지를 향해 뛰기 시작했단다. 급해서 맨발로 뛰는데 옥천동 오거리쯤 가니 물은 허리까지 차올랐다. 허우적거리는 여고생을 잡아주고 강가에 도착하니 벌써 차들이 급류에 휘말려 떠내려가더란다. 다행히 우리 차는 바퀴에만 물이 찰방거리고 있어 종합운동장 쪽으로 돌아 겨우 집에 왔다는 이야기였다. 10분만 늦었어도 떠내려갔을 거라고 가슴을 쓸어내렸다. 그 후 골목길에 세워 두었던 차는 폐차할 때까지 흐린 날이면 퀴퀴한 냄새로 아들은 제 누나에게 잔소리를 꽤나 들었다.

그날 밤도 비는 양동이로 퍼붓듯 쏟아졌다. 강릉 시민의 젖줄인 오봉댐이 범람 직전에 놓여 저지대 주민 및 노약자들은 학교 등지로 피신하라는 연락이 있었다. 다행히 자정을 넘기면서 빗줄기는 약해졌다. 오봉댐 수위가 내려가기 시작했다는 소식을 듣고 잠자리에 들었다.

이튿날 일요일 아침이었다. 창으로 스며드는 무지갯빛 아침 햇살에 눈을 떴다. 유난히 청명했다. 지난밤 동이로 퍼붓던 장대비로 공기는 더할 나위 없이 맑고 상쾌했다. 하지만 이게 웬일인가. 전기, 수도 모두 단전, 단수되어 식사 준비는 물론 당장 마실 물도 없었다.

우리는 아침을 굶은 채 물통만 승용차에 싣고 가벼운 차림으로 시골로 향했다. 오두막 샘물을 찾아서. 그런데 강릉 발 주문진 방향, 7번 국도에 접어드니 죽헌 저수지가 범람해 경포 들판 전체가 침수되었고, 다 익은 벼들은 벌러덩 누워버렸다. 가랑잎처럼 떠내려 오던 차들이 논바닥에 머리를 처박고 있었다. 아스팔트길이 군데군데 파이고 떨어져 나가 차량들은 일방통행 지시에 따랐다.

연곡으로 접어들었다. 들판은 아직 황토 물이 고여 있는 상태라 피해는 더 심했다. 연곡에서 진고개 오대산 방향, 6번 국도를 끼고 흐르는 연곡천은 다리가 열아홉 교인데 열여덟 교가 떠내려갔다. 강 건너 사람들과는 불통이었다. 가옥들은 전파, 반파 아니면 기우뚱한 건물이 많았다.

송림에서부터는 계곡의 토사와 나무들과 가시덤불들이 함께 흘러내려 도로까지 가로막고 있었다. 가재도 도로바닥에 나뒹굴고 있었다. 도저히 자동차를 운행할 수가 없었다. 차들은 길 양편으로 세워놓고 모두들 걷고 있었다. 장애물로 걷는 것조차 힘들었다. 퇴곡에서는 듬바우골에서 흘러나오는 황토물 때문에 6번 국도가 완전히 끊겼다. 누군가가 기다란 소나무를 걸쳐 놓았다. 몸에 밧줄을 묶고 그 외나무다리를 타고 기어서 건넜다. 외줄 타는 광대처럼 아슬아슬했다.

발이 부르트고 터져 피를 흘리며 삼십 리를 걸었다. 우리 오두막은 6번 국도에서 300m쯤 골짜기로 들어가 있다. 입구에 도착하니 길은 온데간데없었다. 검붉은 황토물이 우리를 삼킬 듯 골짜기 전체를 뒤덮으며 폭포처럼 흘렀다. 넋 놓고 바라만보다가 윗동네 친가로 향했다.

친가는 차마 눈뜨고 볼 수 없었다. 아수라장으로 변해 그만 그 자리에 주저앉고 말았다. 배산임수 터라 불리던 친가는 뒷산 토석이 덮치면서 안채는 반쪽이 사라지고 마당에는 흙더미가 태산같이 쌓였다. 평소 정답게 조잘거리던 도랑도 범람해 천 평 텃밭은 한 줌의 흙도 없이 모두 돌서덜 장광을 이루고 있었다.

마당을 헤집고 겨우 들어가니 안채에 기역자로 붙어있던 마구간을 개조해 만든 창고방은 흔적조차 사라졌다. 남아있는 방들도 문짝이 모두 떨어지고 방마다 자갈돌과 마사흙, 진흙이 뒤범벅이 된 채 가득가득 채워져 있었다. 사랑채 현관문도 흙더미에 덮여 개폐가 불가해 창문으로 들어갔다. 방에 들어서자 혼 빠진 팔순 노모는 떨고만 계시다 우리를 보자 그만 울먹이셨다.

"얘 내가 왜 이리 오래 살아 이런 험한 꼴을 보냐."

전기 수도 통신 모두 불통이다. 올케가 유방암 중환이라 시내로 내보낸 지가 십수 년이 넘었다. 연로하신 어머니만 조상 터를 지키고 계신 상황이었다. 나도 일주일에 한 번씩 어머니를 찾는 게 행사였다. 그 와중에 동생이 근무하는 학교도 교사 전체가 1m이상 침수되었다는 소식이다. 동생은 어머니가 다치지 않았다니 우선 안심이라며 학교 복구가 대충 끝나면 오겠다고 하더니 밤중에 다녀갔단다.

간이수도에 의존하던 마을 식수시설 자체가 쓸려나가 흙물을 가라앉혀 마셔야 할 형편이다. 엎친 데 덮친 격으로 동생네가 살고 있는 동네도 남대천 범람으로 마을 천체가 침수되었다. 길거리에 나뒹구는 가재도구들로 교통이 마비되어 올케의 병원행도 도로까지 업고 다녔었다.

6번 국도를 역방향으로 다녔다. 강릉으로 모시겠다는 우리의 청을 한사코 마다하시는 어머니를 뒤로하고 시내로 나왔다. 이튿날부터 6번 국도가 복구될 때까지 대관령으로 올라가 다시 진고개로 돌아내려오는 방법을 택해 일주일 정도 친가에 다녔다.

4, 5일 뒤 물이 빠지고 우리 오두막 입구에 가보니 다니는 길도 논밭들도 모두 돌서덜 광장으로 변해 있었다. 높은 지대에 위치한 오두막만 덩그렇게 남아있어 천만다행이었다.

많은 강릉 시민들이 탈수 증세까지 보였다. 일주일 이상 세수도 못하고 식수마저 부족했다. 간혹 펌프 물이나 샘이 남아있는 곳엔 밤낮없이 길게 줄을 서는 풍경이었다. 전기도 일주일이 넘어서 복구되었다.

임시로 6번 국도가 가설되었다. 친가는 건설업을 하던 제부가 서둘러 급속히 복구되었다.

정부에서도 강릉을 특별 재난지역으로 선포했다. 강릉은 전국 각지에서 보내온 도움의 손길로 복구에 박차를 가했다. 오두막으로 들어가는 길도 다시 개통되고 땅도 다리도 모두 복구되었다.

1921년 305.5mm의 강릉 일일 강수량 1위를 태풍 루사가 81년 만에 3배인 895.5mm로 경신했다고 한다.

루사 수해로 반파된 친가는 복구되고 고쳐졌지만 5대를 살아온 해묵은 옛것들이 모두 사라져 버렸다. 어머니께서 애써 갈무리한 감자가루, 도토리가루, 장독 등이 항아리째 떠내려가거나 묻혀 버렸다. 그 먼저 내가 가져온 쌀 한 가마들이 함지박 두 개만 우리집에 남아있다. 그해 초겨울 올케는 세상을 뜨고 그 충격으로 어머니도 쓰러져 5개월 뒤 올케를 따라가셨다.

천지개벽이라는 말이 태풍 루사를 두고 하는 말 같다. 자고 일어나니 정말 천지가 변해 있었다. 그 아픔은 지금도 지워지지 않는 내 가슴의 정신적 큰 멍울로 남아있다.

(2014. 9)

밥하는 운동화

아버지의 괴나리봇짐 속에서 꽃신이 짠하고 뛰어나왔다.

모두가 신고 싶은 선망의 신발인 하얀색 바탕에 나비와 꽃이 어우러진 나비꽃신이었다. 함박꽃이 된 나는 밤새 잠을 설쳤다. 그 꽃신을 신고 학교에 가서는 있는 대로 자랑을 했다. 아이들이 모두 돌아가며 한 번씩 신어보고 부러운 눈빛을 보냈다.

보건 시간이었다. 우리는 냇가로 나가 모래로 이 닦기 실습을 마치고 물고기도 잡고 물수제비뜨기 내기도 하며 즐거운 시간을 보냈다. 그런데 물가에 벗어놓은 나비꽃신에 물이 튀어 그만 잠겨버렸다. 허둥지둥 물기를 닦아내는데 이게 웬일인가. 나비가 날아가고 꽃들이 자꾸만 자꾸만 떨어지는 게 아닌가. 부끄럽고 창피해 엉엉 울음을 터뜨리며 집으로 달려와 아버지께 다시 그려놓으라 떼를 썼다. 그 기억은 지금도 민망하기 그지없다.

초등학교 3학년 때다. 정숙이가 새로 산 검정 고무신을 신고 학교에 와 자랑을 했다. 집으로 돌아갈 때는 양쪽 손에 쥐고 뛰는 그 고무신이 코끼리 귀처럼 너울거렸다. 허리에 질끈 동여맨 책보 속에선 양은 도시락에서 고추장 종지가 딸랑이며 장단을 맞추었다.

공차기에 소질이 있던 치호는 축구부에 들어가게 된 동기가 운동화를 준다는 것이었다. 받긴 했는데 집으로 돌아 갈 때는 벗어 놓고 가라는 거였다. 운동화가 신고 싶어 입단했던 그가 선수단에서 그만 두고 말았다.

아이들은 새 신을 아껴 신으려 속설을 믿었다. 신 앞에 세 번 절한다든가, 새 신 위에서 발목을 세 번 까딱거린다든가 아니면 물방울을 세 번 떨어뜨려 닦아내고 신으면 질겨져 오래 신을 수 있다는 터무니없는 속설을 믿고 그렇게 했다.

고등학교엘 진학하면서 중학생이 된 남동생과 시내에서 자취를 했다. 휴일이면 시골 본가로 가서 아버지의 원예농사일을 도왔다. 일할 때는 언제나 맨발이었다. 흙을 밟는 느낌이 부드럽고 넉넉하며 목화솜같이 포근했다. 일이 끝난 후 도랑물에 맨발을 담그면 사이다를 마시는 것 같은 청량감이 느껴졌다. 무엇보다 신을 빼는 번거로움에서 벗어날 수 있어 좋았다. 일을 마칠 때쯤이면 간짓대를 걸친 짝수바리에 걸어둔 바짝 마른 운동화가 백목련 꽃처럼 예뻤다.

자취할 때 풍로를 사용했다.

재실 마루방이었기에 아궁이가 없었다. 뒤란 굴뚝목에서 흙으로 빚은 이동식 풍로 위에 냄비를 올려놓고 밥을 했다. 밥 짓는 땔감은 주워온 솔방울이나 피죽이다.

하교 후에는 뒷동산으로 솔방울을 주우러 다녔다. 그러나 마을 사람들 대부분이 그 동산에서 땔감을 구해 오기에 동산 바닥이 마루같이 깨끗하고 반질거렸다. 한나절을 돌아다녀도 20kg 광목 포대에 반을 채우기 힘들었다. 솔방울 하나만 주워도 부자가 된 듯 기분이 좋았다. 솔방울 스무 개 정도면 풍로 위의 냄비에서 밥이 끓기 시작한다. 맛이 있든지 없든지 문제가 아니다.

피죽은 사서 손가락 두 개 크기로 잘라 하나씩 불붙여 풍로에 피우면 밥이 잘 되었다. 보리쌀도 곱삶았다.

얼마나 운동화를 오래 신었으면 밑창이 떨어져 바닥이 갈라졌던가. 그 갈라진 바닥에 마분지를 깔면 얼마 동안은 더 신을 수 있었다. 그 후로도 더 이상 신을 수 없게 되면 한 짝씩 불을 붙여 풍로에 올려놓고 밥을 했다. 한 짝이면 밥 한 끼는 너끈히 지을 수 있었다.

그때는 환경오염이란 용어도 있을 리 만무했다. 운동화를 태우는 게 어떤 영향을 미치는지도 알지 못했다. 냄비는 새까맣게 그을었고, 하교 후에 우물가에서 하얗게 닦아 햇볕을 받아 반짝반짝했다.

겨울에는 방바닥에 짚을 펴고 그 위에 자리를 깔고 지냈다. 그렇게 2년을 지내다 방안에 연탄난로를 놓게 되니 마치 천상에서 사는 것 같았다.

겨울방학을 했다. 새벽 첫차로 본가로 가는 날, 옆방 할머니는 다 해진 버선 한 켤레와 볏짚 한 단을 버스에 올려주셨다.

"버선을 덧신고 집단 위에 발을 올려놓고 가거라."

버스에는 난방시설이 없었다. 한겨울 첫차는 발이 잘리는 것처럼 시리다는 것을 아는 할머니의 배려였다. 지금도 신발가게 앞이나 늦가을 빈 논의 곤포사일리지를 만날 때면 짚단 위에 버선발이 그려진다. 할머니가 그립다.

지난날 나와 특별한 인연을 맺었던 신발들이 스치고 지나간다.

흙풍로 위에서 해진 운동화가 밥하느라 힘들어, 땀을 뻘뻘 흘리며 뿡뿡 내 뀌는 방귀가 시커먼 연기를 품고 하늘로 오르고 있다.

공원 같은 학고재 남골묘

- (2005년 1월 『수필문학』 등단작)

조상님 납골 산소를 조성했다.

깊은 산중 여기저기 흩어져 있는 조상님 산소를 한곳으로 모시는 일이 우리 부부의 오랜 숙원이었다. 전에도 허물어져 가는 산소를 개보수하려고 장의사와 동행해 현장을 보였으나 길이 멀고 험해서 못하겠노라는 대답만 들었다. 결국 포기하고 이장(移葬)을 하려고 십수 년 전부터 산소 터를 구하기 위해 두루 헤매고 다녔지만 시간만 흘러갔다. 올해도 지난해 벌초 때처럼 끔찍한 일을 겪을까 두렵기도 하지만 후일 산소를 잃어버릴 것이라 생각되었다.

절박하면 이루어진다고 하던가. 조상님 산소 터를 구하러 수없이 헤매고 발품 팔던 그이가 퍼뜩 오두막 안뒤꼍을 생각해낸 것이다. 전원생활이 꿈이었던 그이가 2000년 폐가가 된 오두막을 구입하였다. 지은 지 100여 년이 넘었다지만 안사랑채로 되어 있고 텃밭도 곁들이고 있어 아주 좋아했다.

뜻밖에 생각이 여기에 미치자 더 이상 미룰 수 없다며 무엇에 홀린 사람처럼 일을 추진시켰다.

"자식에게 하는 것만큼 조상에게 하면 벌써 해결했을 텐데."

그이의 말이다. 잘록한 안뒤꼍에 흙과 돌을 넣어 만들면 좋은 자리가 될 것이라고 나를 꼬드겼다. 그러나 내 마음은 애가 탔다.

"여보, 경비는?"

가계부는 매달 적자인데.

"그야 당신이 어떻게 해봐."

그 말 한마디면 그만이었다. 퇴직 후 어디에 구속되는 게 싫다며 자연인으로 살고 싶다고, 통장도, 휴대폰도 없이 지내는 사람이다.

돈 쓸 일이 생길 때면.

"저 사람하고 얘기 하시우, 저 사람 돈쟁이요."

하면서 왜 그렇게 술과 밥은 잘도 사는지.

2005년 5월 25일 이장(移葬) 날짜를 정하고 서두르게 되었다. 그냥 날을 정해서 하자는 그이를 설득해서 지관으로부터 날을 받고 터를 잡자는 데는 이유가 있었다.

"여보, 동생네 무슨 일이 생기면…."

막무가내든 그이가 내 말에 따라 주었다. 날짜가 정해지자 그이는 비석의 높낮이, 색깔, 비문의 글자 수와 글씨체를 정하고 글씨 연습을 했다. 비석은 두 기(基), 양쪽 모두 검은색 와비석으로 우측에는 묘비

(墓碑) 좌측에는 시비(詩碑)로. 시비에는 그이가 이장하게 된 이유와 영혼을 안위(安慰)케 하는 내용을 시로 지어 석재 상에 주문했다. 자연 속에 허연 입석(立石)비를 높이 세우면 보기도 흉하고 자연도 훼손된다는 그이의 설명이다. 한편 흙은 스무 트럭, 이웃이 자기 산을 내주어 쉽게 구했지만, 돌은 구하지 못하고 애태우던 중 지인이 간직하고 있던 자연석 일곱 트럭을 주어 얼추 맞추게 되었다.

작업이 본격적으로 시작되었다. 농작물을 심으려고 밭을 갈아서 두둑을 만들어 비닐을 씌운 망을 헤집고 포클레인과 트럭이 드나들며 흙과 돌이 쌓여갔다. 그이가 10여 년 전 퇴직하면서 친가의 휴경지에 심어 놓았던 사철나무와 향나무 주목을 옮겨 심으면서 한층 더 우람한 터로 조성되어 가고 있었다. 옆으로는 도랑이 흐르고 있어 연못도 만들었다.

궁하면 통한다고 적자로 일관되던 내 통장도 채워졌다. 딸이 쓰던 이 층을 전세로 내주고 아래층에서 지내기로, 보증금 천만 원이 들어왔기 때문이다. 경비가 해결되니 한결 마음도 가벼워졌다. 그이는 형제에게 도움받지 말고 우리 혼자 다 하자고 했다. 쾌히 승낙하고 나서 생각해 보니 참 우스웠다. 빚내서 산소 이장이라니.

어머님 묘소인 영동공원묘원 사무실에 가서 밀린 관리비 이십사만 원도 지불하고 강동면 사무소에 가서 파묘(破墓) 수속절차도 마쳤다. 산소 주인은 장손인 큰조카 이름으로 되어 있기 때문이다.

이장 전날 주과포 열다섯 봉지도 준비했다. 산소마다 산신제와 파묘제 각각 두 차례, 이장된 납골묘에도 산신제, 토신제, 평토제, 성분(成墳)제, 반우(返虞)제를 지내야 한다. 성분제는 기제사(忌祭祀)와 동일시하므로 음식도 많이 준비했다. 당일 해야만 하는 음식들은 오두막에서 준비하기로 했다.

당일 할일을 팀별로 나눴다. 남편팀, 내팀, 산방팀으로 분담했다. 산소들이 뿔뿔이 흩어져 있고 하루에 모두 모셔야만 하므로, 포클레인은 먼저 현지에 도착해 있기로 했다.

산소 개장은 모두 수작업이다. 이장 당일 새벽 5시에 장의사 직원들과 함께 각 산소를 향해 출발했다. 제일 멀고 험한 동해시 이로리 심심산중의 할아버님, 할머님, 아버님 산소는 남편팀이. 가까운 영동공원 묘원의 어머님 산소는 내팀과 산방팀 그리고 아들이 합세했다.

아들은 산신께 드리는 개장개축을 고축하고 파묘 시작만 참관하고 먼저 출발한 남편팀을 뒤쫓아 이로리를 향해 떠났다.

파묘를 끝내고 유골을 수습한 뒤 산방팀은 오두막 텃밭으로, 포클레인과 함께 광중(壙中)을 파고 터를 다듬기로 하고 내팀은 삼척 근덕 아주버님 산소로 향해 각각 헤어졌다. 산신제 축문은 내가 고축하고 유골을 수습해서 오두막 텃밭으로 돌아오니 10시였다.

그런데 동해시 이로리로 떠난 남편팀은 지난해 벌초 때와 같이 또 길을 찾지 못해 두 시간이나 헤매다 겨우 찾았다고 연락이 왔다. 또한 늦게 떠난 아들을 잃어버려 얼마나 부르고 찾아다녔는지 산천초목에 아들 이름이 박혀 있을 거라며 일꾼들이 입을 모았다.

이장의 의식절차는 초상 때와 같다. 먼저 도착한 어머님과 아주버님 유골을 소실(燒失)해서 납골 항아리에 모시고 일꾼들은 식사 후 오수를 즐기고 있는데 남편팀이 도착해 산신제를 지내고 일이 다시 시작되었다. 직사각형으로 파진 광중에 납골항아리 다섯(만동서가 우리보다 먼저 가면 파고 넣을 자리 하나는 비워 둔 채)이 횡대로 가지런히 놓이고 위아래 사이사이 하얀 회가 다져졌다. 그 위에 횡대(橫帶)가 덮여지면서 다시 회가 다져지고 취토를 한 뒤 달구가 시작되었다. 봉분이 만들어지고 잔디가 입혀졌다. 가운데는 상돌이, 좌우에 와비석으로 된 묘비와 시비가 놓여졌다. 아담하고 소박한 아주 예쁘고 근사한 (울진 장씨 안염공파 29대 사홍공) 가족묘원이 조성되었다. 이어 상돌을 소주로 씻어내는 절차 후 성분제를 지내고 음복하며 일꾼들과 음식을 나누어 먹었다.

강릉 집으로 돌아와 반우제를 끝으로 이장 행사는 모두 끝났다. 아들이 아버님의 유골상자를 두 팔로 정중히 받들고 한 번도 쉬지 않고 가시수풀 산을 내려왔다는 이야기며 이상하게 유골 냄새가 싫지 않더라는 말을 들으며 20대 아들이 대견스럽기도 했다. 마지막 교생 실습 날이라, 참석이 늦었던 딸이 설거지를 도와주어 마무리가 한결 쉬웠다.

20여 일 동안 집과 오두막을 오가며 전력을 다했다. 경비는 전세금 받은 것에 조금 더 추가되었다. 경제적으로 심적으로 힘들었지만 자나 깨나 품고 있던 인륜대사를 마쳐 이제 안도할 수 있다. 두 다리 뻗고 자도 될 것 같다. 도대체 뿌리가 무엇이길래 그리도 소중히 여길까 싶기도 하다. 대부분 곰삭아 흙이 된 유골을 모시면서 누구나 자연의 한

줌 흙이 됨을 실감하며 허무하다고 했다.

오늘 제일 수고한 그이의 대답이다.

"상징적 의미를 부여하는 거지."

산소를 이장한 지도 십여 년이 지났다. 지금 이장한다면 항아리 대신 나무함으로, 봉분 대신 수목장이나 평토장으로 할 것이다. 당시는 나무함이 없었다. 자연으로 돌아가게 할 것이냐의 문제도 생각해 볼 것 같다. 그때는 각 문중의 조상들을 모시는 납골당 건립이 한창 대세였다. 한곳에 한 기(基)의 무덤으로 하는 납골묘가 최소한의 자연훼손이라 생각했다. 그러나 몇 년 사이 장례문화 의식들이 빠르게 변했다.

우리 조상님 산소는 오두막 텃밭에 자리 잡은 공원 같다. 누구나 오두막(鶴皐齋)에만 오면 참배할 수 있고 꼬맹이들이 '산토끼 토끼야'를 부르며 뛰어놀 수 있는 놀이터 같다. 앞으로 조상님 납골묘는 후손들을 한데 모이게 하는 계기가 되고 집안의 융합과 우애의 구심점이 될 것이라 믿는다.

(2014. 6)

너희를 사랑했다

아버지는 양반하회탈의 얼굴이었다.

그렇게 목젖이 보이도록 탄구대소 하는 모습을 이제껏 본 일이 없었다. 엄마와 나도 헤픈 복사꽃 웃음을 날렸다. 어머니의 칠순축하연이다. 모두들 반갑고 보고 싶었던 환한 얼굴들이다.

축하연이 끝나고 친척들이 모두 돌아갔다. 늦은 밤 엄마는 나를 불러 앉히고 조용하고 무겁게 입을 열었다. 내 귀를 후려치는 청천벽력이었다. 가슴에서 피가 솟구치듯 통증으로 전해왔다.

겨우내 무청시래기를 한 경운기씩 드시던 아버지였다. 그런데 축하연을 일주일 앞두고 내려진 건 아버지의 위암말기 진단이었다. 이미 친척들에게 행사가 예고되었기에 엄마를 위한 아버지 마지막 간곡한 부탁이었다. 그동안 두 분만 알고 있어야 하는 약속으로 정하고 수술에 필요한 모든 검사와 준비를 하고 있었던 모양이다. 그것도 모르고 나는 베트남 여행을 다녀오느라 이러저러한 일에 신경을 쓸 여유가 없었다. 집으로 전화할 때마다 부모님은 부재중이었다. 어쩌다 휴대폰으로 이어지면 야외나들이며, 모임이나 외식중이라 했다. 그때마다 나는 그러려니 하고 괘념치 않았다. 그게 탈이었다.

큰 수술을 하루 앞두고 친척손님맞이를 하시던 아버지의 마음은 과연 어떠했을까. 상상이 되지 않았다. 이튿날 아버지는 곧바로 입원했다. 수술을 기다리는 몇 시간의 경황에서도 아버지는 병실에서 축하연에 참석해준 친척들께 고맙다는 인사 편지를 손수 붓으로 쓰셨다.

이튿날 아침 일찍 수술실로 실려 가는 아버지, 어쩌면 마지막이 될 수도 있다는 생각이 들었다. 지나간 일들이 주마등처럼 눈앞을 스쳐갔다. 회환의 눈물이 하염없이 흘러내렸다.

평소 강직하고 엄격했던 아버지였다. 직장에서는 대쪽이라 불렸다. 나는 그런 아버지를 존경했으나 좋아하진 않았다. 아버지 역시 저 마음 깊은 곳에 사랑을 숨겨두었는지, 도통 꺼내 보이지 않았다. 놀기 좋아하고 공부에 별 생각이 없던 내게 무던히도 재능을 찾아 갈고 닦아 주려하셨다. 일이 생길 때마다 가족회의를 하자며 메모지를 들고 넷뿐인 식구를 불러 앉혔다. 나의 늦은 귀가가 자주 안건에 올랐다. 그러나 항상 합리적으로 끝나는 가족회의였다. 귀가 시간을 내게 정하게 하고 지켜지지 않을 땐 벌이 주어졌다. 그런 아버지의 영향인가, 나도 말할 땐 개조식으로 하는 게 습관이 되었다.

아버지는 평소 책 속에서 살았다. 늘 배움에 갈증을 느껴 쉰넷 되는 해에 일찍 명예퇴임을 했다. 시인으로 등단도 했다. 원래 꿈은 학문을 연구하고 후학을 양성하는 학자로, 시인으로 살아가기를 원했다. 누구보다도 시를 좋아했던 아버지, 혼자서는 좋은 시가 나올 수 없다는 생각에 미치자 이순 중반에 다시 국문학과에 입학했다. 본격적인 시 창작과 학문을 닦으며 과락(科落)없이 2학년을 마쳤다. 몇 해 뒤 엄마도 명퇴하자 두 분은 시골에 오두막을 구입해 싸리골 학고재라 명명하고 자연 속에서 전원생활로 지내셨다.

아버지는 예술인이었다. 자연인이 되고 싶다며 퇴직과 동시에 휴대폰도 통장도 없이 지냈다. 그러면서 친구들에게 술과 밥은 왜 그리 잘도 사는지. 그런 날 밤이면 우렁각시가 된 엄마가 잠든 아버지의 빈 지갑을 채워놓곤 하셨다. 아버지의 기를 살리는 엄마의 내조방식이었다. 엄마의 헌신과 배려로 불편함을 느끼지 못하고 지금껏 가정을 꾸릴 수 있었으리라. 현직에 계실 때도 낚시, 분재, 수석, 서각까지 도취되어 작품세계에서 일정 수준 인정을 받고, 동우회도 참석하며 전시회도 수차례 열었었다. 퇴직 후에는 서예와 문인화에 일가견을 이뤄 전업 화가가 병풍 제작에 필요하다고 글씨를 받아 가기도 하였다. 출품응모도 권유받았다. 하지만 "내 즐기면 그만이지 이 나이에 뭘 들고 왔다 갔다 해." 하시던 아버지였다.

숨 막히는 7시간의 수술이 끝났다. 위장을 모두 들어내고 식도와 소장을 바로 연결했으므로 목안에서 덜렁거릴 수 있을 거라는 게 의사의 설명이었다. 몹시 염려했던 수술이었다. 원래 약체인 아버지는 너무도 힘들게 암을 이겨내고 있었다. 구역질에 온몸의 피부가 벗겨지는 가려움증, 게다가 수없이 화장실을 드나들어야 하는 설사가 아버지를 괴롭혔다. 그야말로 지옥에서의 사투였다. 병실의 냉장고는 아예 테이프로 붙여야 했고 집의 냉장고도 마당으로 들어냈다. 간호하는 엄마는 병실 화장실에서 식사를 할 때도 있었다.

1년 동안 여섯 차례로 예정되었던 항암 주사는 네 번으로 끝내기로 했다. 오두막에 들어가 투병하는 아버지, 엄마는 1년을 꼬박 매일 새벽, 바닷가 부두에 나가 고깃배가 들어오기를 기다려 펄떡이는 생선을 구해왔다. 남은 생이 얼마이든 그 반을 아버지와 함께 나누게 해 달라는 엄마의 간절한 기도가 통한 것인가. 아니면 시골 청명한 공기의 혜택이었던가. 아버지의 병세가 서서히 호전되기 시작했다.

예전과 같은 생활로 돌아오자 배움에 목말라하던 아버지는 3학년에 복학하였다. 그러나 발병한 지 5년의 문턱에서 '재발'이라는 진단이었다. 다시 항암치료를 시작했으나 끝내 30kg의 체중으로 하늘길 긴 여행에 올랐다.

아버지는 꿈을 펴지 못했다. 늘 가족의 버거운 짐을 두 어깨에 얹고 버티었다. 다섯 살에 할아버지를 여의고 큰아버지도 30대에 세상을 버리면서 어린 사촌 셋을 아버지에게 맡긴다는 유언을 남겼다. 할머니를 비롯하여 청각장애인인 큰엄마와 우리 식구 넷, 아홉 식구가 한집에서 15년, 셋방살이의 가장이었다. 그 후 분가했으나 지금껏 두 집 가장 노릇을 하던 상황이었다. 흩어져 있던 조상님 산소도 모두 한데 모아 한 기(基)의 납골묘를 만들었다. 가시기 전 동생 결혼식 때 받은 축의금도 모두 돌려주었다. 오두막 안뒤곁 납골묘 옆에 수목장터도 정해 놓고 묘비명도 써놓으셨다.

마지막 가족회의는 아버지의 명령이었다. 우리를 불러 앉혀놓고 누워서 주관하는 결연한 목소리였다.

"내 떠난 뒤 친척 친지에게 절대 알리지 말라. 숨지면 즉시 화장해 수목장해라. 3일까지 갈 필요도 없다. 혹여 알고 찾아오는 내 친구가 있다면 조의금은 받지 마라. 그리고 너희를 사랑했다."

아버지의 취미 아닌 취미생활은 예술인에서가 아니라 복잡한 가정사를 잊기 위함이 아니었을까. 사촌들과 함께 키워야 하는 우리에게 속을 내보이지 않으셨던 아버지. 엄마에게 무뚝뚝한, 늘 말없던 행동도 두 청춘의 과수댁 눈치 때문이 아니었을까 싶다.

그날 저녁 하늘에 오른 아버지의 얼굴은 그렇게 평화로울 수 없었다. 생전에 한 번도 보지 못했던 모습이었다. '너희를 사랑했다'. 아버지의 속마음이 메아리로 울려 퍼지는 듯했다.

(2019. 10)

김선자 수필집

열 개의 바퀴를
굴리는 사람

2020년 6월 25일 초판 인쇄
2020년 6월 30일 초판 발행

지은이 / 김선자
발행인 / 강병욱

발행처 / 도서출판 교음사
편집 / 隨筆文學社 出版部

03147 서울 종로구 삼일대로 457 수운회관 1308호
Tel (02) 737-7081, 739-7879(Fax)
e-mail : gyoeum@daum.net

등록 / 제2007-000052호

* 잘못된 책은 바꿔 드립니다. 값12,000원

ISBN 978-89-7814-778-1 03810

이 도서의 국립중앙도서관 출판예정도서목록(CIP)은 서지정보유통지원시스템 홈페이지
(http://seoji.nl.go.kr)와 국가자료공동목록시스템(http://www.nl.go.kr/kolisnet)에서
이용하실 수 있습니다.(CIP제어번호 : CIP2020026932)

* 이 도서는 강원도, 강원문화재단 후원으로 발간되었습니다.